인류 문명과 종교의 기원을 찾아서

샤먼 바이블

인류 문명과 종교의 기원을 찾아서

샤먼 바이블

김정민 지음

글로벌콘텐츠

시작하기에 앞서

2015년, 우여곡절 끝에 첫 책『단군의 나라, 카자흐스탄』이 출간되었다. 이번 책『샤먼 바이블』은 한민족에 국한하기보다는 오히려 전 인류의 기원과 종교에 관련된 책이라고 할 수 있다.

『단군의 나라, 카자흐스탄』이 서양식 실증주의 사관에 입각하여 객관적 자료, 즉 역사책을 바탕으로 했다면 이번 책은 사료를 근거로 삼기는 했지만 민속학, 풍습, 구전전설, 천문현상 등을 추가로 참고하여 썼다. 오늘날의 전공 분야란 자신이 연구하는 국한된 부분만을 집중적으로 바라보기 때문에 전체 그림을 이해할 수 없다는 맹점이 있다. 예를 들어 역사를 전공했더라도 '고려 시대의 무신정권 중 정중부 집권기' 식으로 한정해서 연구가 되기 때문에 고려 시대를 전공한 역사학자라 하더라도 고려 왕조 전체를 깊이 있게 이해하기는 어렵다.

역사를 연구하는 데 있어 사료를 중심으로 하는 것은 학문의 기본이지만, 사료 중심만으로는 역사를 제대로 이해할 수 없다. 역사는 승자의 기록이기 때문이다. 따라서 역사서는 동서고금을 막론하고 승자의 논리가 포함된 주관적 기록이라고 할 수 있다. 그렇기 때문에 소위 야사의 영역도 참조해야 당시의 복잡한 상황을 이해하는데 도움이 될 것이다.

'샤머니즘'은 결코 미개한 종교가 아니었다. 미개한 종교로 취급받는 이유는 현재 기득권을 쥐고 있는 종교 권력자들이 자신들의 영역을 확장하기 위해 거짓 정치 선동으로 만들어낸 결과이다. 샤머니즘을 믿는 이들이 미개했다면 어떻게 피라미드를 만들고 알렉산더 도서관에 수만 권의 책이 있을 수 있었으며, 오늘날에도 놀랄 만한 과학적 장치가 존재했단 말인가? 그러면서 우주를 7일 만에 창조하였다는 말을 믿으라면 어느 쪽이 더 미개한 종교일까?

종교가 정치권력화 되면 그때부터 부패의 속도는 그 어느 경우보다도 급속하게 빨라진다. 샤머니즘 역시 종교와 정치권력이 결합하여 혹세무민을 하고 부패하였기 때문에 다른 종교에 의해 무너진 것이다. 현재 우리는 종교가 얼마나 인간의 삶에 간섭하고 영향을 끼치는지 실감하며 살고 있다. 종교를 이용한 자원약탈 전쟁, 성전(聖戰)을 빙자한 살인 행위, 신의 이름으로 거대한 성전(聖殿)을 짓는 종교 지도자 등 고대 샤먼사회의 말기에 일어났던 것과 동일한 현상을 오늘날 소위 개혁 종교로 등장했던 대안 종교들이 벌이고 있다. 이 세상에 영원한 진보는 없다. 진보가 승리하고 나면 그때부터 그들은 보수가 되기 때문이다. 고대인은 역사가 흑백논리로 움직이는 것이 아니라 조화와 균형으로 움직인다고 보았다.

2015년은 여러모로 천문학적으로 의미 있는 시간이었다. 물고기자리 시대와 물병자리 시대가 겹치면서 서서히 물병자리 시대로 넘어가는 분기점이었기 때문이다. 인류 기록의 역사가 시작된 6천 년 동안 인류가 가지고 있던 모든 종교는 북극성, 태양, 달을 숭배하는 종교였다. 고등 종교라 불리는 힌두교, 불교, 기독교, 이슬람 등 현존하는 전 세계 모든 종교도 예외는 아니다.

이 책은 범알타이 연방을 초월해 그동안 인류가 이룩한 과학혁명을 토대로 어떻게 공존할 수 있을지에 대한 고민을 바탕으로 썼다. 현재 전 세계 분쟁의 80%가 종교 때문에 발생하는 것이다. 종교가 부패하면 인간을 풍요롭게 하기보다는 특권층을 위해 헌신하게 된다. 태양의 새로운 주기가 시작되는 이 시점에서 우리는 고대 샤먼들이 말했던 신의 개념과 종교의 기원을 과학적 시각으로 철저히 검증해야 한다. 그렇게 해야 오늘날의 미신적 요소가 과하게 가미된 종교를 없애고 모두가 공유할 수 있는 보편타당한 새로운 종교 혹은 철학이 탄생할 수 있을 것이라고 본다. 본 책은 그러한 것이 나오길 바라며 세계 종교의 기원이 하나로부터 출발했음을 증명하기 위해 썼음을 밝힌다.

단기 4355년(서기 2022년) 12월 6일
보름달이 뜬 몽골 울란바토르에서

☀ 차례

제3장 | 천문을 이용한 종교의 발전

샤먼 바이블

제1장

문명의 새벽

1
홍수신화

"홍수로 세상이 물에 잠겨 7달, 7일, 7시간이 지난 후에 한 배 (방주)가 카즈구르트산에 도착했다. 선지자 누흐는 텡그리에게 헤엄쳐 가면서 홍수에 피난하지 못한 사람들과 동물들을 구원해 달라고 빌었다. 이때 많은 산들은 그 방주가 자신의 산으로 오기를 빌었다. 그러나 카즈구르트산마은 그런 식으로 소망하질 않았다. 왜냐하면 카즈구르트산은 다른 산들보다 높아 특별하다고 생각했기 때문이다. 이에 텡그리는 겸손했던 오르다바스산, 크즐샘그르산, 에름타우산, 코이륵산, 엥크산, 바가나르산, 만사르산과 캉으락산을 구원해 주고, 카즈구르트산(카: Қазығұрт)에게는 구원의 길을 열어주지 않고 처단하였다.

… 중략 …

홍수가 끝난 후 사람들은 새들을 날려 보내서 마른 땅이 있는지를 확인했는데, 그중 제비가 녹색 잔가지를 물고 돌아왔다. 이때부터 제비는 카자흐인들에게 가장 존경받는 새가 되었다. 이후 사람들은 카즈구르트산에 배를 정박하고 거기서 살기 시작했다."

앞의 내용은 중앙아시아에 전해 내려오는 홍수신화이다. 인류가 홍수로 인해 전멸했다는 이야기는 기독교에서만 나오는 이야기가 아니다. 유라시아 유목민족에게도 동일한 신화가 있으며 남미-북미의 인디오 신화에도 홍수에 대한 이야기가 있다. 고대사 연구가 그레이엄 핸콕(Graham Hancock)에 의하면 당시 고대인들은 기후가 온난하고 토지가 비옥한 적도 부근 남쪽 해안과 저지대에 살면서 고도로 발달된 문명을 이룩했을 가능성이 있다고 한다. 그러나 약 1만 5천 년 전~8천 년 전에 걸쳐 간빙기가 발생하면서 고대 문명은 물속에 잠겨 버렸다고 주장하고 있다.

한민족에게도 홍수신화가 있다. 민속학자인 손진태 씨가 쓴 『조선 민족설화의 연구』에 의하면 고대에 대홍수가 발생하여 온 세상이 침수되고 모든 인류가 물에 빠져 죽었을 때, 유일하게 한 남매만 생존하여 높은 산꼭대기에 살아남았다고 한다. 홍수가 끝난 후 자신들처럼 생존한 사람들이 있는지 사방으로 찾아다녔으나, 그들 이외에는 생존자가 없다는 사실을 알게 되었다. 남매는 인류의 존속을 위해 근친결혼을 하여 자손을 번창시키고자 하였다. 그러나 이를 부끄러워한 여자 아이가 선뜻 찬성을 못하자 하늘에 그 뜻을 묻기로 했다. 남매는 각각 다른 산봉우리에 맷돌의 숫맷과 암맷(구멍 뚫린 맷돌)을 가지고 올라가 하늘에 기도를 하고 동시에 산 아래로 굴려 보냈는데 두 맷돌이 산 밑에서 서로 포개져 있는 것을 발견했다. 이에 둘은 자신들이 결혼을 하는 것이 하늘의 뜻이라 생각하고 결혼하여 인류를 다시 번성케 했다고 한다.

한민족의 홍수신화는 홍수로 인해 남매가 결혼을 한다는 내용으로

그림 1 카자흐스탄 카즈구르트산에 있는 누흐방주 기념비

보아 짐작하건대 중국 서남지역의 홍수신화에서 영향을 받은 것으로
보인다. 중국 운남성 로로족(倮倮族)의 홍수신화에서도 남매가 결혼을
한다는 이야기가 나온다. 한민족의 홍수신화와 로로족의 신화가 유사
한 것은 이들이 고대에 한 지역에서 같이 살다가 흩어져 나갔기 때문인
것으로 생각한다. 로로족은 이족(彝族, Yízú)으로도 불리는데 원래의 한
자표기는 이족(夷族, Yízú)이었다. 그러나 청나라를 건설한 만주족이 한
자표기를 이(夷)에서 이(彝)로 바꾸었는데 이(夷)라는 한자가 당시 한족
들에게서 '오랑캐', '야만인' 등 부정적인 의미로 사용되었기 때문이다.
따라서 한민족과 로로족의 조상 민족은 같은 동이족(東夷族)이라는 것
을 알 수 있다.

　중국학자 펑스(馮時, Féng shí)의 『고문자와 고대사신론(古文字與古史新
論)』에 의하면 "이족은 중국에서 가장 오래된 민족 중의 하나이며, 이족

그림 2 비슷한 홍수설화를 가지고 있는 동이족 계열 민족의 분포

(彝族)과 하니족(哈尼族, Hāní zú), 이수족(傈僳族, Lìsù zú), 라후족(拉祜族, Lāhù zú) 등은 모두 고대 강족(羌族, Qiāngzú)에서 유래했다. 이들은 고대부터 중국 남서부에 거주해 왔으며 인류발전의 여러 단계를 거쳐 현재의 이족이 되었다고 한다. 또한 이족의 범위는 용산문화(龍山文化)에서 발견된 고대 이족 계통의 문화, 은나라 갑골문자, 서주(西周)의 동쪽 민족, 즉 동이족이라는 것을 발견했다."라고 했으니 한민족과 이족의 홍수신화는 그 뿌리가 같음은 어쩌면 당연한 것이라고 할 수 있다.1)

그렇다면 한민족은 북방민족의 계열로 인식하고 있었는데 같은 조상에서 갈라진 이족의 경우는 왜 남서지방에 거주하고 있는 것일까?

1) 펑스, 『고문자와 고대사신론』, 대만서방, 2007.

그 해답은 아마도 고대 동이족이 대홍수의 시기에 갈라진 것으로 추정된다. 티베트나 파미르 고원과 같은 고산지대로 대피를 했다가 물이 빠지고 난 후 산 아래로 내려오는 과정에서 로로족이나 이수족 같은 부족들은 산맥을 따라 남서 방면으로 내려오고, 한민족은 북쪽 길을 통해서 내려갔기 때문이다. 앞서 언급했던 남매의 이야기는 후일 유라시아 대륙의 문명 재건에 큰 영향을 끼친 태호복희(BC 3528~BC 3413)와 여와의 전설과도 깊은 관련이 있는 것으로 보인다. 왜냐하면 동양의 여와신과 유대인의 야훼신은 유사한 역할을 했기 때문이다.

2

여와(Yeowa)와 야훼(Yahweh)

『산해경』에 따르면 여와(女媧, Nǚwā)는 고대 아시아에서 인간을 창조한 신으로 알려져 있다. 생김새는 흔히 새의 형태로 묘사되기도 하고 하반신은 뱀, 상반신은 인간인 모습으로 묘사되기도 한다. 『회남자(淮南子, Huáinánzi)』에 의하면 반고(盤古, Pángǔ)가 알에서 깨어나 우주를 창조한 이후 땅과 하늘이 분리되었고 땅에는 각종 식물과 동물, 산과 강이 만들어졌다. 어느 날 여와가 모든 것이 갖춰졌지만 대화할 상대가 없어 외로워지자, 외로움을 달래기 위해 강가의 진흙으로 인간의 형상을 만든 뒤 숨을 불어넣어 생명을 주었다고 한다. 중앙아시아에 사는 투르크계 민족에도 이와 유사한 신화가 존재한다. 텡그리가 우주를 만들 때 자신의 왼쪽 눈으로 태양을 만들고 오른쪽 눈으로 달을 만들어 하늘과 땅을 창조하고 난 다음에 흙으로 살을 만들고 갈대로 뼈를 만든 후 숨결을 불어넣어 인간을 창조했다고 한다.2)

이처럼 『산해경』과 중앙아시아에 전해오는 천지창조 세계관이 비슷한 것을 알 수 있다. 진흙으로 인간을 창조한다는 내용이 두 기록에서 동일하게 나타나고 있다. 텡그리 신화에서는 여와가 만들었다는 기록은 없으나 『산해경』에 기록된 신화의 장소나 중앙아시아 투르크족의 신화는 모두 파미르 고원과 티베트 지역 일대에서 전해 내려오는 이야기들이다. 따라서 구전에 의해 약간의 차이는 있어도 모두 하나의 신화에서 내려왔다는 것은 분명하다.

홍수신화에 대한 언급도 양쪽에 존재하는데 먼저 『산해경』의 내용을 보면 4개의 기둥이 무너지면서 하늘에 큰 구멍이 뚫려 홍수가 발생하자 자라의 다리를 잘라서 네 개의 기둥을 다시 세워 하늘을 들어 올린 다음, 5개의 빛나는 돌을 녹여 하늘의 뚫린 구멍을 메워서 홍수를 멈추게 했다고 한다. 중앙아시아의 홍수신화는 유대교와 더 비슷한 모양을 하고 있다. 중앙아시아의 홍수신화는 누흐라는 인물이 텡그리의 계시를 받고 홍수에 대비하여 커다란 배를 만든 다음에 지상의 동물을 암수 한 쌍씩 배에 태우고 사람도 남녀 4명씩 8명을 태워 홍수로부터 재난을 피했으며, 홍수가 끝난 다음에 제비를 날려 보내 제비가 나뭇가지를 물고 오자 육지가 있음을 알고 상륙하여 후세를 이어 갔다고 한다. 전반적인 내용은 구약성경과 대동소이 하다는 것을 볼 수 있다. 다만 차이점은 제비와 비둘기, 자신의 가족 8명을 태운 노아와 가족이라는 표기 없이 사람 8명을 구했다는 누흐 정도의 차이만 있다. 이처럼 중앙아시아에 전승되어 내려오는 신화는 천지창조부터 인간의 완성까지

---

2) 자나이다로프, 『고대 카자흐스탄 전설』, 아루나, 2009, 21~22쪽.

모두 유대교와 동일한 세계관을 가지고 있음을 발견할 수 있다. 이를 표로 정리하면 〈표 1〉과 같다.

표 1   유대교와 한민족 토착신앙 비교

	한국	이스라엘
신의 이름	여와	야훼
홍수신화	있음	있음
홍수 이후 무지개 출현	있음	있음
인간 창조 신화	있음	있음
인간의 재료	진흙	진흙

두 종교 간에 차이점이 있다면 동양에서는 여와를 여성의 신으로, 복희는 남성의 신으로 묘사했으며 남매지간이었다는 점이다. 동양에서 여와는 유일신이 아니라 부모가 있었다고 전해지는데 어머니는 질서의 신 화서(花序, Huāxù)로 우주를 배회하다가 번개의 신 뇌공(雷公, Léigōng)의 발자국을 밟고 난 후 갑자기 임신했다고 전해진다. 중국『산해경』문헌의 홍수, 인간창조 신화와 중앙아시아, 유대교의 밀교의식을 보면 태호복희와 여와를 연상시키는 그림을 가지고 있는 것을 볼 수 있다. 각각의 이야기에서 빠진 부분이 있다 하더라도 〈그림 3〉을 보면 고대 각 지역의 종교 지도자들은 같은 사유체계를 가지고 있었다는 점을 알 수 있다. 모든 신화가 그렇듯이 『산해경』에 나오는 태호복희와 여와신은 신이 아니라 지배자들이다. 이집트, 인도, 일본, 아메리카 대륙에서 전승되어 오는 신화를 살펴보면, 신들이 우리가 생각하는 형이

그림 3 여와의 이미지, 카자흐스탄3), 유럽, 한국4)

상학적인 존재가 아니라 희노애락 감정을 가지고 인간처럼 행동하는 것을 볼 수 있다. 인간적인 면을 가지고 있는 이유는 이들이 실제로 신이 아니라 문명을 가져온 선진문명의 기술자 집단으로서 후세 사람들이 신격화했기 때문이다.

임승국 교수가 번역한 『한단고기』에 따르면 밀기(密記, Mìjì)에 복희(伏羲, Fúxī)는 신시(神市, Shénshì)에서 태어나서 우사(雨師, Yǔshī)의 직책을 수행한 후 청구(靑邱, Qīngqiū)와 낙랑(樂浪, Lèlàng)에서도 일을 하였으며 후일 진(陳, Chén)으로 가서 수인(燧人, Suìrén), 유소(有巢, Yǒucháo)와 함께 그 명성을 서방에 떨쳤다고 한다. 배달국의 5대 태우의(太虞儀, Tàiyúyí, BC 3512~BC 3419) 천황의 열두 번째 아들이 태호복희이며 그의 여동생이 여와라고 기록되어 있다. 따라서 이들은 신이 아니라 지배계

---

3) Bruce Lincoln, 「Once again "the Scythian" Myth of origins」, Nordlit, 2014, p. 27.
4) 서울국립중앙박물관

급임을 알 수 있다. 여와의 존재는 몽골 샤머니즘의 전승에서도 보이는
데 그 내용은 다음과 같다.

푸리예프 오트고니(Purev Otgony)와 푸르비 구르바다른(Purvee
Gurbadaryn)이 공저한『몽골의 샤머니즘(Mongolian Shamanism)』에 의
하면 예전에 사람들은 높은 지대에 살았고 다른 동물들은 저지대에 살
았는데 하늘의 아홉 신들에게는 막내 여동생이 있었다고 한다. 그런데
하루는 포악하고 못생긴 자에 의해 여동생이 납치를 당했고 저지대로
끌려가 한동안 서로 만날 수 없게 되었는데 그곳으로 끌려간 막내 여동
생은 들짐승밖에 없는 저지대의 땅이 매우 조화롭고 아름다운 곳이라
는 걸 알게 되었다. 많은 고초를 겪은 끝에 여동생은 다시 신들(오빠들)
과 재회하게 되었다. 막내 여동생과 오랜 논의를 한 끝에 그들은 천상
의 자매(Heavenly sister)를 창조하기로 결정했다는 기록이 있어 한국의
여와와 비슷한 이미지를 가진 인물이 등장한다.

몽골에서도 고지대에 남자 형제가 많은 집안에 막내딸이 있었으며
이들이 저지대에 내려가서 세상을 창조했다는 내용이 나온다. 이러한
모든 기록들을 종합해 보면, 고대에 홍수가 발생하여 인류가 전멸을 당
할 위기에 처했을 때, 배를 타고 생존한 인류가 있었으며 이들은 한동
안 고지대에 살다가 점차 저지대로 내려왔다는 것을 알 수 있다. 수메
르 신화에서도 여와를 연상시키는 비슷한 외모를 한 신이 등장한다. 앤
드류 콜린스(Andrew Collins)의『금지된 신의 문명』제2권에 의하면 최
초에 하늘로부터 수백 명의 아눈나키(Anunnaki)들이 내려왔는데 그 무
리의 지도자였던 엔릴(Enlil)의 아내인 닌릴(Ninlil)을 자줏빛이 나는 '뱀

여인'이라고 불렀다 한다. 또한 아눈나키들이 최초에 정착하여 살던 지역은 고산지대로 나무조차 자라지 않는 곳이었다고 한다. 이처럼 고대에 저지대에서 문명을 재건하는데 있어 몽골, 중앙아시아, 중근동의 신화를 종합해서 보면 뱀 여인이 중요한 역할을 했다는 것을 알 수 있으며 혼자 한 것이 아니라 산 위에 있던 다른 자들과 함께 일했다는 점을 알 수 있다.

여와가 신이 아니라면 여와는 어떻게 진흙으로 인간을 만들었을까? 그에 대한 해답은 신화 속에 존재한다고 본다. 중앙아시아 투르크족에게 전해오는 인간창조의 이야기를 보면 텡그리가 인간을 창조하던 당시 진흙으로 살을 만들고 갈대로 뼈를 만든 다음, 입김을 불어넣어 아담(카: Адам) 즉 사람을 만들었다고 했다. 이 내용은 홍수로 인류가 절멸의 위기에 처했을 때, 방주에 타지 못하고 물에 휩쓸린 사람들 중 일부 생존자들은 홍수가 끝나고 살기 위해 마른 땅을 찾아 산 위로 올라갔을 것이다. 그러다 홍수에 의해 진흙이 된 산을 오르던 이들 중 일부는 정상까지 못가고 탈진하여 쓰러진 경우가 많이 발생했을 것이다. 그래서 산 위에 먼저 피신했던 사람들이 진흙탕에 쓰러져 있는 이들을 구조하는 과정에서 인공호흡을 한 것을 두고, 후대 사람들이 갈대와 진흙으로 사람을 만들어 숨을 불어 넣었다는 식으로 묘사한 것이 아닌가 생각된다. 즉 여와는 인간을 창조한 것이 아니라 홍수로부터 인간들을 구조한 것이다.

3
바벨탑 전설

대홍수 이후 사람들은 산 위에서 살았다. 그러나 인구가 늘어나면서 모든 사람들이 산 위에서 살 수는 없게 되었다. 그래서 일부는 산 아래에서 살게 되었는데 이들은 나중에 홍수가 다시 일어날까봐 두려워서 평지에 높은 산을 만들기 시작했다. 그러나 이를 본 신은 심기가 불편해져 산 아래 살던 종족의 언어를 77개로 만들었고 의사소통이 되는 무리끼리 갈라져서 서로 흩어져 살게 했다. 이때 신은 74개의 문법책을 만들어 74개의 종족에게 나눠주었으나 소연, 우량하이, 투빈은 문법책을 받지 못했다. 그 이유는 이들이 텡그리의 가르침을 어기고 우상숭배를 했기 때문이다.[5]

인간의 언어가 어떻게 해서 여러 개가 되었는지에 대해서 중앙아시아 텡그리 전설이 설명하는 이유는 성경의 바벨탑 전설보다 구체적임

---

[5] 자나이다로프, 앞의 책, 74~76쪽.

을 알 수 있다. 인류는 대홍수 이후 산 위에서 살 수밖에 없는 운명이었고 홍수가 끝난 이후에도 두려움 때문에 계속 고산지대에 머물렀던 것 같다. 앞서 언급한 약 1만 5천 년 전에서 8천 년 전에 걸쳐 간빙기가 발생했기 때문에 고산지대를 떠나지 않은 것으로 보인다. 지구에 있던 빙하가 처음에 어떤 원인에 의해 많은 양이 일시에 녹아서 저지대의 인류 문명이 멸망을 당하게 되었다. 그 이후에도 지구상에 남아 있던 빙하들이 일순간에 녹은 것이 아니라 몇 천 년에 걸쳐서 천천히 녹아내렸기 때문에 홍수로부터 대피한 인류는 오랜 기간 동안 저지대로 내려가지 못하고 있었던 것으로 보인다. 실제로 봄에 천산 일대를 가면 겨울에 얼었던 대량의 눈이 녹으면서 강으로 몰려 엄청난 양의 물이 일시에 내려오는 현상을 목격할 수 있다. 그래서 둑방을 제대로 정비하지 않으면 홍수 때 둑이 무너지면서 마을이 사라지는 경우가 종종 있었다. 따라서 고대에 산 위에 살던 인류는 인구가 증가하면 산 아래로 내려오는 깃이 아니라 산맥을 따라 이동하면서 퍼졌을 것이다. 실제로 중앙아시아 지역의 고대 스키타이 문명 유적지는 고지대에 집중적으로 분포하고 있다.

한국의 고대사를 보면 북방민족의 흔적이 강함에도 불구하고 홍수 신화에 있어서는 중국 서남지역의 것과 뿌리가 같다. 그 이유는 바로 한민족 최초의 거주지가 대홍수 이후에 파미르-티베트 일대였기 때문이다. 거대한 티베트 대륙에 살던 이들은 인구가 팽창함에 따라 산줄기를 타고 여러 방면으로 이동하여 내려왔는데, 한민족을 형성한 대다수의 사람들은 중국 남서부를 통해 이동하여 양자강을 타고 한반도에 정착하였다. 소수의 무리는 북쪽 평지를 통해 한반도로 들어가면서 선진

그림 4 초기 스키타이 거주 지역(타우는 '산'이라는 뜻이다.)

제철기술과 기마술을 앞세워 남방계 선주민들을 제압하고 지배계급을 형성했다. 남쪽 루트를 통해 한반도로 간 다수의 무리와 북쪽 루트를 통해 간 소수의 무리가 동일한 홍수신화를 가지고 있는 것은 이들이 파미르 고원에 함께 거주했기 때문이다.

　실제로 한국의 『부도지(符都誌, Fúdōuzhì)』에도 한민족이 최초로 거주했던 지역은 파미르 고원이라고 쓰여 있다. 따라서 한민족의 북방도래설과 남방도래설의 핵심은 그들이 한반도의 북쪽에서 왔느냐 남쪽에서 왔느냐가 아니라 '어디로부터 출발했느냐'이다. 이는 한민족의 기원을 알 수 있는 핵심이 될 것이다. 그래서 특이하게도 한국 고인돌의 경우에는 북방계와 남방계가 동시에 존재하고 있으며 세계에 존재하는 고인돌의 50% 이상이 집중되어 있다. 이는 한민족이 한 가지 경로로만 이동해 온 것이 아니라 수천 년의 세월에 걸쳐 여러 경로를 통해

그림 5 몽골 오브스 지역 자갈밭

오늘날의 한반도에 유입되었다는 사실을 방증한다.

　빙하가 점진적으로 녹았다는 것을 보여주는 증거는 몽골, 중앙아시아, 시베리아 전역에 존재한다. 알타이산 동쪽 몽골지역에 오브스(Uvs)라는 지역이 있는데 고산지대임에도 불구하고 차를 타고 1시간을 달려도 자갈밭이 있는 곳이 많다. 현지인에 의하면 이 지역은 수백 년 전에도 강과 호수가 많아 물이 풍부했던 지역이라고 한다. 그러나 점진적으로 사막화가 진행되면서 오늘날은 그 흔적만 남게 된 것이다. 오브스 지역만 이런 게 아니라 몽골 북쪽에 있는 최대 호수이자 샤먼의 성지인 홉스굴(Lake Khövsgöl) 지역에도 광활한 자갈밭이 있는 것을 볼 수 있다. 이러한 지형이 생긴 이유는 고대 이 지역에 물이 흘렀던 흔적으로, 간빙기 이후에도 겨울에는 날씨가 추워지다 보니 산에 눈이 쌓였다가 봄에 녹으면서 대량으로 물이 흐르는 현상이 반복적으로 있었기 때문이다.

현재는 러시아의 바이칼 호수와 몽골의 홉스굴 호수가 분리되어 있지만 고대에는 하나로 연결된 거대한 호수였으며 이 물줄기는 중앙아시아를 통과하여 카스피해, 흑해까지 연결되었던 것으로 보인다. 바이칼 호수에 사는 물개와 흑해에 사는 물개의 유전자가 같은 것으로 나왔기 때문이다. 따라서 먼 옛날 동서로 넓은 강 혹은 바다가 대양에 연결되어 있던 당시에는 물개들이 두 지역을 자유롭게 왕래할 정도였는데, 산간 지역의 빙하가 다 녹아내리면서 더 이상 상류로부터 물이 내려오지 않자 수면이 낮아지게 되었고 결국 현재의 지형이 된 것이 아닌가 추측한다.

간빙기 초기에는 봄에 녹아서 쏟아지는 물의 양이 지금보다 훨씬 많았을 것이기 때문에 고지대에 살던 사람들은 산 아래로 내려가는 것을 꺼려했을 것이다. 그러나 인구가 늘어남에 따라 잉여인구가 어쩔 수 없이 산 아래로 내려갈 수밖에 없게 되었고 세력에 밀려 내려간 사람들 역시 봄마다 홍수의 공포 속에 살 수밖에 없었을 것이다. 그래서 저지대에 내려간 사람들은 대피할 수 있는 공간을 만들기 위해 평지에 거대한 산을 쌓았던 것이 아닌가 생각한다. 하지만 평지에 산을 쌓으려면 흙이 필요한데 그 흙은 산에 있으니 저지대 사람들이 자신들의 생존을 위해 산을 깎아서 저지대에 인공산을 만들었을 것이다. 그러자 산 위에 살던 자들이 분노해서 이들을 동서남북으로 흩어지게 만들었고 이로 인해 생긴 오랜 격리 생활 때문에 언어가 갈라졌다는 이야기가 아닌가 한다.

동아시아에는 두 종류의 홍수신화가 존재한다. 하나는 서남·서북지역에 전래되어 내려오는 것으로 홍수로 인해 인류가 전멸했다는 신화이고, 다른 하나는 중원지역에 내려오는 치수에 관련된 홍수신화이다. 서북지역의 홍수신화가 더 오래되었고 중원지역의 홍수신화는 나중에 만들어진 것으로 보이는데 그 이유는 서북지역의 홍수에 등장하는 인물은 여와이고 중원지역의 홍수에 등장하는 인물은 곤이기 때문이다. 여와는 태호복희씨의 여동생으로 동시대의 인물로 추정된다. 요임금은 태호복희 시대보다 훨씬 후대의 인물이기 때문에 요임금의 명을 받들어 홍수를 다스린 곤이라는 인물은 여와시대 이후 중원지역의 홍수를 다스린 것이라는 점을 알 수 있다.

저지대에 문명을 전파한 뱀 여인, 여와의 가족 계보를 보면 태호복희-여와가 나오고 그 다음에 황제헌원(黃帝軒轅), 소호금천(少昊金天)의 순으로 나온다. 1차 대홍수는 태호복희와 여와시대 때의 홍수로 인류를 전멸시키다시피 한 큰 규모의 홍수였으며 황제헌원을 지나 소호금천 시대 이후 요임금 시대 때의 홍수는 매년 봄마다 만년설이 녹으면서 정기적으로 범람한 홍수를 말한다는 것을 알 수 있다. 즉 저지대에 살게 된 사람들이 비록 거대한 인공산을 쌓았을지라도 홍수로부터 대피하는 것은 실패했지만, 후일 둑방 공사를 통해 홍수 피해를 줄였음을 기록한 것이 요임금 시대 때의 홍수라는 것을 알 수 있다.

스키타이족의 일부가 한반도로 남하하여 만든 가야국의 전통가옥을 보면 건물을 지을 때 기둥을 높이 세우고 그 위에 만든 것을 볼 수 있다. 이런 특이한 형태의 가옥이 만들어지게 된 것은 고대 한반도 지역도 정기적인 범람으로 저지대가 수몰되는 현상이 많았기 때문이 아닌

그림 6 가야의 수상가옥

가 생각한다. 현재 이러한 형태의 가옥을 가장 많이 짓는 지역은 동남
아시아 지역으로 필리핀이나 베트남의 강 주변에서 많이 볼 수 있다.
동남아시아가 아니더라도 수상가옥을 짓는 곳이 있는데, 이 지역의 공
통점을 보면 모두 물 위에 지었다는 것이다.[6] 한 가지 예외가 되는 지
역은 캄차카 반도에 만들어졌던 고대 가옥인데, 이 지역은 동토지대임
에도 불구하고 수상가옥을 지었다. 이렇게 만든 이유는 동토층에 집을
바로 지을 경우 방바닥과 접하는 부분이 녹으면서 바닥이 젖어버려 무
너질 위험이 있기 때문이다. 또한 봄에 얼음이 녹아 버리면 건물 바닥
이 취약해질 수 있기 때문에 높이 짓는 것이다.

  그렇다면 동남아시아 지역의 수상가옥과 시베리아 지역의 수상가
옥은 서로 다른 것인가? 결코 그렇지 않다. 과거 간빙기 시절 대홍수가

---

6) 캄차카 지방의 수상가옥은 항상 물 위에 있는 것이 아니라 봄에 산 정상의 눈이 녹으면서 평지
가 물에 덮일 때 물을 피하기 위해 만든 가옥이다. 따라서 동남아시아처럼 상시 물 위에 있는 집은
아니지만 근본적으로 물을 피하기 위한 목적으로 지었다는 점이 같다.

나던 상황 때문에 만들어진 동일한 건축문화이기 때문이다. 얼음이 녹아서 홍수가 발생했다는 점을 염두에 둔다면 기후가 전혀 다른 지역의 같은 건축문화는 모두 대홍수의 기억에서 만들어진 건축물임을 알 수 있다. 아메리카 대륙의 잉카, 마야, 아즈텍 문명의 경우 이들은 대홍수가 발생한 이후 스페인 침략자들에 의해 멸망할 때까지 저지대로 내려오지 않았다. 최후까지 고산지대에서 버틴 걸 보면 과거 대홍수에 대한 공포의 기억이 대단했던 것으로 보인다.

그림 7 수상가옥들 캄차카[7], 가야

---

7) https://www.wikiwand.com/en/Stilt_house

4

천산의 샤먼들

『한단고기』에 의하면 파미르 고원 일대에 살았던 색족(色族, Sèzú)이라는 종족은 네 종족으로 이루어져 있었다고 한다. 황부인은 피부색이 누렇고 코는 높지 않고 광대뼈가 나온 아시아계의 인종으로 보이며, 백부인은 피부가 하얗고 머리카락이 희고 높은 코를 가져 코카서스인의 모습을 하고 있었다고 한다. 또 적부인은 황부인과 비슷하게 생겼지만 이마가 넓고 뒤로 기울어 편두를 한 동양인의 모습을 했으며, 남부인은 암갈색의 피부를 가지고 황부인과 비슷하게 생겼다는 것으로 보았을 때 인도나 동남 아시아인의 모습을 했던 것으로 추정된다.

이 기록은 고대 파미르 고원에 살았다고 하는 색족에 대한 것으로 한민족의 조상이 되는 민족이다. 색족은 동아시아에서 부르는 민족 명칭으로 인도에서는 사카족(Saka), 유럽에서는 스키타이족(Scythians), 중앙아시아에서는 삭족(카: Сактар)이라고 불린 기마민족이다. 스키타이족의 기원에 대해서는 인도-유럽어계의 이란과 알타이어계의 터키가 서로 자신들의 조상이라고 주장을 하고 있는데, 필자의 연구 결과에 의하면 둘 다 맞는 것으로 보인다. 스키타이족은 단일민족이 아닌 다민족 사회를 이루고 있었기 때문이다. 상층부의 지배계급은 종교계급과 무사계급으로 나뉘었는데, 스키타이계 왕국인 신라의 골품제도와 같이 흰 뼈제도(아크 수이예크, Ак суйек)라는 것이 있어서 신분에 따라 옷 색깔을 구분해서 입었다. 무사계급은 적색 옷을 입었으며 종교계급은 흰색, 유목민은 청색, 농민은 황색 옷을 입었다. 이들이 흰 뼈, 즉 골품제도를 유지했던 이유는 신분제 사회 때문이기도 하지만, 지배계급과 피지배계급의 생김새가 많이 달랐기 때문에 이런 구별이 생긴 것이 아닌가 추측된다.

고대 한국의 지배자들은 키가 상당히 컸던 것으로 기록되어 있다. 『삼국사기』에 의하면 신라의 제4대 왕 탈해 이사금은 키가 9척(184cm)이었다고 하며, 신라 26대왕 진평왕 또한 거인으로 키가 11척(2m 75cm)이었다는 기록이 있다. 따라서 골품제도는 단순히 지배계급과 피지배계급을 구별한 것뿐만 아니라 실제로 신체적 크기가 상당히 달랐던 것으로 보인다. 2021년 7월 15일자 ≪중앙일보≫ 기사에 의하면 한국문화재재단이 경주 탑동유적의 신라고분 중 목곽묘 2호라고 명명한 무덤에서 180cm 키의 남성 유골을 발굴했다고 발표했다. 당시 평균 신장이 150cm인 것을 보면 상당히 거인인 점을 알 수 있다. 현재 발굴팀은 이 무덤의 주인인 거인 주변에 금장식이 없는 것으로 보아 왕은 아닐 것 같고, 무덤 양식도 5~6세기 신라 무덤이라서 외국인일 가능성도 없다며 선을 긋고 있다. 더 자세한 조사를 해봐야 결과를 알겠지만 이러한 발표는 다소 성급하다는 생각이 든다. 금장식이 없다 하더라도 목곽분으로 무덤이 만들어진 것은 그 무덤의 주인이 왕은 아니더라도 권력에서 밀려났거나 역적으로 몰려 처형당한 왕족일 가능성마저 배재할 수 있을까? 또한 목곽분이 5~6세기 신라의 무덤 양식이기 때문에 외국인일 가능성이 없다고 하는데, 신라의 목곽분과 동일한 양식의 무덤을 썼던 부족으로 이미 중앙아시아의 스키타이족이 있었다. 따라서 DNA 검사결과가 나올 때까지는 한국인이라고 단정하는 것은 보류하는 편이 맞을 것 같다.

한국 학계가 신라 고분에서 출토되는 지배계급의 유골에 대해서 민감한 이유는, 현재까지 우리나라 사학계에는 한국 역사에 포함된 나라의 사람들은 모두 단일민족이고 한민족이 세운 나라라는 관념이 강하기 때문이다. 이에 따라 외국인 유골이 나오면 전체 학계의 연구가 흔들리기 때문에 매우 민감해하고 있다. 2020년 1월 1일자 ≪국제신문≫ 기사에 의하면 1962년 충북 제천 황석리에 위치한 청동기 시대의 고인돌에서 유골이 발견되었는데, 그 유골의 주인은 아시아계가 아닌 북유럽계 인물이며 키가 170cm였다고 한다. 백인 유골이 여기서만 발견된 것이 아니다. 2011년 부산 가덕도에서는 7천 년 전 인골 48구가 발견되었는데 그 중 17구에서 유럽계 모계 유전자가 발견되었다. 즉 아버지는 동북아시아인이고 어머니는 유럽인인 혼혈인이 발굴된 것이었다. 이처럼 한국은 청동기 시대 즉 고조선 시대부터 동서양 간의 교류가 활발했으며 국제결혼도 성행했던 것으로 보인다.

이러한 현상이 발생한 이유는 앞서 언급한 스키타이의 골품제도와 깊은 관련이 있는 것으로 보인다. 스키타이족의 지배계급은 적색 옷을 입던 무사계급과 흰색 옷을 입던 종교계급인데, 이들은 권력의 충돌을 피하고자 서로 정략결혼을 했던 것으로 보인다. 이에 따라 두 계급의 남녀가 결혼하면 그 사이에서 태어난 혼혈 아이는 제정일치를 아우르는 지도자가 되는 것이다. 우리나라에서는 이를 고조선의 지도자인 '단군'이라고 부르고 있다. 이러한 전통은 청동기 시대에만 있었던 것이 아니다. 신라가 멸망할 때까지 지배계급 간에 근친결혼을 하며 존속했기 때문에 10세기까지도 한국의 지배자 계급은 백인과 황인의 혼혈인이었음을 알 수 있다. 신라의 수도였던 경주의 고분에서 지금까지 발굴된 유골들을 조사해 본 결과, 고대 신라왕들의 DNA는 모계와 부계 모두 현대 한국인이 아니라 중앙아시아 스키타이족의 DNA와 유사하다는 사실을 발견했다.

이제 처음으로 돌아가서 『한단고기』에서 언급한 파미르 고원에 거주했다는 색족 즉 스키타이족으로 돌아가 보자. 한국 측 기록과 카자흐스탄 측 역사기록을 동시에 비교하면 중앙아시아 일대에 살았던 스키타이족들은 다민족 공동체였고 골품제도라는 신분제도가 있었으며 지배계급의 경우에는 두 개의 인종이 있었음을 알 수 있다.

표 2 스키타이족과 색족의 골품제도 비교

	스키타이족	색족	인종
무사계급	적색	적부인	동북아시아인
종교계급	백색	백부인	서양인
유목민	청색	남부인	아랍인
농민	황색	황부인	남아시아인

고대 모계-샤머니즘 사회에서 백인 여성들은 종교 지도자로서 유라시아 대륙에 큰 영향을 끼쳤던 것으로 추정된다. 중국 한나라가 북방 흉노족과 전쟁을 하던 당시 흉노족과 화친조약을 맺을 때 흰 사슴들을 잡아서 볼모로 쓴 기록이 나오는데, 여기서 뜻하는 흰 사슴은 짐승이 아닌 태양숭배 종교를 관장했던 백인 여성 샤먼들이었다. 백인 여성이 태양숭배 종교를 주관했던 이유는 곱슬거리는 금발을 가진 모습이 태양을 연상시키기 때문이다.

한민족과 동일한 알타이계 언어를 쓰는 헝가리의 '후노르(Hunor)와 마고르(Magor) 전설'에도 사슴에 대한 언급이 나온다. 헝가리인의 시조인 후노르와 마고르는 스키타이왕의 자손들로 그들의 어머니는 멘로트(Menrot)의 아내 에네쓰(Eneth)라고 하는데 이 이름의 기원은 헝가리어로 암사슴을 뜻하는 에네이(Eney)에서 유래했다고 한다.8) 헝가리-흉노-한국의 고대 샤머니즘 사상이 유사한 것은 이들 문화의 기원이 중앙아시아 고원을 중심으로 활동하던 스키타이족으로부터 갈라져 나왔기 때문이다.

고대 여성 샤먼의 권력은 남성보다 더 높았다. 그래서 부족은 모계 사회를 중심으로 운영되었다. 신라시대만 해도 여성이 금관을 썼으며 남성은 은관을 썼다. 또한 신라 금관의 모양은 순록 뿔을 모방해서 만든 관이었다. 따라서 암사슴이라는 어원에서 이름을 딴 헝가리의 에네

---

8) Korde & Zoltan, 『Eneth, Hunor és Magyar; Menroth』, Akadémiai Kiadó, 1994, pp.119~187.

그림 8 순록 뿔과 신라왕관

쓰에서도 알 수 있듯이, 여성이 순록을 상징했기 때문에 남성이 아니라 주로 여성이 순록관을 쓴 종교적 지배자였다는 점을 알 수 있다. 물론 이러한 전통도 후기에 가면 모계사회에서 부계사회로 바뀌면서 남성도 순록 뿔을 장식하고 금관을 쓰게 되었다. 순록 뿔 이외에도 여러 장식을 머리에 했으나 이번 편에서는 순록만 언급하도록 하겠다.

이외에도 고대 샤먼들은 새의 깃털을 이용해서 의상을 만들어 입었다. 고대 제사장은 하늘과 인간을 연결하는 매개자라는 인식이 있어서 하늘을 자유롭게 나는 새를 신의 전령이라고 믿었기 때문이다. 그래서 후일 샤먼들은 새를 대신해서 스스로 신의 전령이라는 것을 표현하기 위해 깃털로 몸을 장식하기 시작했다. 이러한 장식들은 순록의 뿔이 금관으로 변형 되었듯이 새털 의상 역시 청동이나 금으로 만든 비늘갑옷으로 재료가 바뀌게 된다.

금속을 제련할 줄 몰랐던 석기시대 사람들이 비늘모양의 갑옷을 입은 스키타이족의 지배계급을 보고서 큰 충격을 받아 각종 신화에 나오는 괴물이 등장하게 되었다. 예를 들어 켄타우로스의 경우도 상반신은 인간에 하반신은 말인 종족이 존재했던 것이 아니라 말을 탈 줄 몰랐던 그리스인들이 말을 자유자재로 타던 스키타이족을 보고 만들어진 전설이다.[9] 동아시아에도 비슷한 기록이 존재한다. 치우천황이 황제헌원과 전쟁하던 당시, 황제헌원 측 병사들은 치우를 보고 동두철액(銅頭鐵額, Tóngtóutiéé)이라고 해서 머리는 동으로 되어 있고 이마는 쇠로 된 괴물로 묘사했다. 이러한 기록이 남게 된 이유는 치우천황이 동이나 쇠로 만들어진 인간이었기 때문이 아니라, 얼굴에 금속 투구를 쓰고 싸웠기 때문이다. 메두사에 대한 기록 또한 마찬가지이다. 스키타이 여성 샤먼이 동굴에 순록관을 쓰고 청동으로 된 비늘 옷을 입은 것을 보고 상체는 인간, 하체는 뱀이라는 표현을 하게 된 것이다. 장소에 따라 어느 곳에서는 하체를 뱀이 아니라 물고기로 묘사하기도 하고 새로도 묘사한다. 이러한 차이가 발생한 것은 석기시대 사람들의 관점에서 볼 때 바닷가 사람들은 비늘갑옷이 물고기 비늘을 닮아서 물고기 인간으로 묘사한 것이고, 내륙지역 사람들은 뱀의 피부를 닮았다고 해서 뱀 인간으로, 새의 깃털을 닮았다고 해서 새 인간으로 묘사한 것뿐이다.

---

9) 자나이다로프, 앞의 책, 131~134쪽.

5

저지대로 내려온
천산의 샤먼들(천손강림)

한국의 10월 3일은 개천절이다. 이날은 환웅과 3천 명의 무리가 하늘로부터 내려와서 홍익인간(弘益人間), 재세이화(在世理化)를 국가이념으로 나라를 건설한 일을 기념하는 날이다. 하늘로부터 내려왔다는 이들은 외지에서 온 지배계급이 피지배계급을 통치하기 위해 만들어낸 명분으로 신이 아니라 사람이다. 한민족 역사의 시작은 고조선으로 삼고 있지만, 그 이전에는 배달국이 있었고 더 이전에는 12환국이 있었다고 한다. 『한단고기』에는 고조선뿐만 아니라 그 이전에 존재했던 배달국, 12환국을 다스렸던 왕들의 재위기간이 표시되어 있는데, 이들은 신이 아니라 선진문물을 가지고 있던 기술자 집단 즉 사람이었다. 특히 대홍수 시절 인류를 구원했다는 여와는 배달국 시대 때의 인물인 것으로 보아 한민족의 최초 발원지는 대홍수 시절 파미르-티베트 고원 일대로 추정된다. 12환국의 일원으로 존재하다가 배달국 시절 파미르 고원을 떠나 동쪽으로 이동하여 중원지역에 배달국을 건설하고, 다시 더 동쪽으로 이동하여 만주와 중국 동부지역에 고조선을 건국했던 것이다.

그림 9 수메르의 귀족과 환인, 단군왕검

수메르의 점토인형이나 벽화를 보면 잎사귀를 연상시키는 의상을 입은 귀족들을 볼 수 있다. 그런데 이 수메르 의상은 고대 한국의 지배계급 의상과 동일하다. 홍수시대에 여와라는 신의 하반신을 뱀으로 묘사한 건 바로 이러한 비늘무늬 모양의 치마를 입고 있는 여성 샤먼을 표현했기 때문이다. 앤드류 콜린스의 『금지된 신의 문명』 제2권에 의하면 수메르 문명에 대한 기록 중 하나인 「크하르삭 판」에는 고대 수메르 문명의 지배자였던 아눈나키에 대한 기록이 나오는데, 그 내용에도 여와와 비슷하게 뱀 여인에 대한 묘사가 나온다.

아눈나키들은 자신들이 살던 고산지대가 환경 변화로 인해 살기 어려워지자 무리를 이끌고 메소포타미아 평지로 내려와 인간들과 함께 살게 되었다. 이는 환웅이 지상으로 내려와 지상의 여인과 결혼하여 단군을 낳고 단군이 고조선을 건국했다는 내용과 같다. 그럼 고산지대에서 내려온 이들은 어떤 모습을 하고 있었을까? 성모 마리아처럼 어린 아이를 안고 있는 여자 아눈나키의 모습은 얇은 입술에 뾰족한 턱을 가지고 아시아인처럼 가늘고 길게 찢어진 눈을 가지고 있으며 이마는 넓게 뒤로 올라가 있다. 이러한 외모는 『한단고기』 내용 중 피부는 녹슨 구리색에 코는 낮아 뭉툭하며 이마는 넓고 뒤로 기울고 머리털은 곱슬머리를 한 적부인의 모습과 동일하다.

만약 수메르의 지배계급이 파미르-티베트에서 온 사람들이라면 이들은 적부인뿐만 아니라 백부인도 동시에 존재해야만 한다. 앞서 말했듯이 무사계급과 종교계급은 공동으로 통치했기 때문이다. 따라서 수메르 지역의 지배계급 중에도 백부인처럼 하얀 피부에 높은 코, 흰색 머리를 가진 사람들이 존재해야만 한다. 『에녹서(The Book of Enoch)』에 의하면 므두셀라(Methuselah)의 아들 라멕(Lamech)이 바테노쉬(Batenosh)와 결혼을 하여 노아(Noah)를 낳았는데 아이의 모습이 피부는 눈처럼 하얗고 머리칼은 곱슬거려서 아내가 다른 남자와 동침을 한

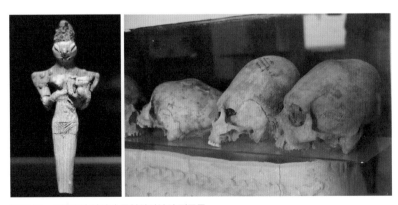

그림 10 수메르의 여신과 중앙아시아의 편두들

것이 아닌지 의심하는 부분이 나온다. 이를 통해 메소포타미아의 지배계급 중에는 편두를 한 동양인과 백발에 하얀 피부를 가진 유럽인의 외모를 가진 두 종족이 있었음을 추정할 수 있다.

중앙아시아의 텡그리 신화에도 천사와 결혼하여 태어난 아이에 대한 기록이 존재한다. 자나이다로프(Жанайдаров)가 쓴『고대 카자흐스탄 전설』에 의하면 예르사인은 최초의 텡그리가 둘로 나뉘어 형성된 남자 텡그리와 여자 텡그리의 사이에서 태어난 세 명의 아들 중 막내이다. 막내 아들이 결혼을 하고 5년이 지나도 아이가 없자 부모가 걱정을 하여 하느님에게 아들을 점지해 달라 기도해 보라고 한다. 이에 예르사인은 제단을 쌓고 그곳에서 다섯 색깔의 천을 흔들며 하느님에게 기도했다고 한다. 그랬더니 하늘로부터 지옥에 잡혀간 사람들을 구해 오면 아들을 주겠다는 음성을 들었고 예르사인이 서쪽에 있던 악마 예르클록을 퇴치한 뒤 사람들을 구해 고향으로 돌아오자 아내가 금발의 어린 아이를 안고 있었다는 기록이 있다.

앤드류 콜린스의『금지된 신의 문명』제1권에 의하면 메소포타미아 지방에서 '신의 사자'라는 천사들 중 하나인 아자젤이라는 천사가 인간들에게 장검과 단검, 방패와 갑옷을 만드는 법을 가르쳤다고 한다. 이를 바탕으로 이들이 제철기술을 가진 기술자 집단임을 알 수 있다. 뿐만 아니라 아자젤은 기상학과 점성술, 해와 달 등의 천체학, 측량술, 지리학 등 다양한 지식을 알려줬다. 다른 지역이 아직 원시적인 모습일 때 고산지대에서 내려온 이들이 이런 기술을 가지고 있었던 이유는 아마 대홍수 때 살아남으면서 홍수 이전의 문물을 보존하고 있었기 때문에 우수한 선진문명의 지식을 지닐 수 있었던 게 아닌가 생각한다. 이들은 단순히 문명만 전파한 것이 아니라 저지대 지역의 여인과도 결혼하여 혼혈아를 많이 생산했다.

천사라고 표현된 이들이 신이 아니라 인간이라는 것을 알 수 있는 내용은 구약성경에 많이 묘사되어 있다. 예를 들어서 아브라함을 만나러 온 세 명의 천사들이 장차 아브라함의 본처 사라가 아들을 낳게 될 것이고 소돔이라는 도시가 파괴될 것이라는 사실을 알려 주러 왔을 때, 아브라함은 송아지 고기에 우유를 식사로 대접했다는 대목이 나온다. 또한 야곱이 브니엘이란 곳에서 천사와 맨손으로 씨름을 했다는 것을 보면 천사는 영적인 존재가 아닌 인간과 같은 생명체라는 것을 알 수 있다.

중동에서 발견된 「사해문서」에는 주시자들의 모습을 묘사한 대목이 있다. 모세의 아버지 마무람이 본 주시자(Watcher)는 뱀과 같이 무서운 모습이었는데 그의 망토는 여러 색이지만 몹시 어두웠고 깃털로 덮인 모습이었다고 하였다. 고산지대에서 온 주시자들이 인간이라면 아무람이 본 주시자는 중앙아시아 샤먼일 가능성이 매우 높다. 왜냐하면

그림 11 카자흐스탄의 씨름, 한국의 씨름

그림 12 몽골 샤먼의 의상

중앙아시아 샤먼의 모습은 중근동 지역 사람들의 관점에서 봤을 때 편
두를 한 동양인의 얼굴이 뱀처럼 보였을 것이기 때문이다. 더구나 주시
자가 입었던 여러 색깔의 어두운 망토는 샤먼이 제천의식을 할 때 입은
의상이라는 것을 알 수 있다.

6

에덴의 사과

중앙아시아의 텡그리 신화에는 성경의 선악과와 비슷한 내용이 기록되어 있는데 그 내용은 다음과 같다.

텡그리가 진흙으로 만든 아담들은 '이덴'이라는 곳에서 평화롭고 풍요롭게 살게 되었다. 그러나 이러한 인간들의 행복을 질투한 악마 예르클릭은 이덴에 가서 사악한 기운이 깃든 열매를 맺는 과일나무로 변신하여 지나다니는 사람들에게 한번 먹어 보라고 유혹을 하였다. 모든 아담들은 텡그리의 말을 기억하여 먹기를 거부하였으나 한 호기심 많은 여자 아담이 예르클릭의 꾐에 속아서 그 열매를 먹게 되었다. 순간 여자 아담은 선과 악을 구별할 수 있는 눈을 가지게 되었다. 이후 그녀는 남편에게도 과일을 먹어 볼 것을 권했고, 그 남편도 똑같이 사리를 구별할 줄 알게 되었다. 이렇게 해서 이덴의 많은 아담들은 금단의 열매를 먹게 되었다. 이후 텡그리가 이덴에 돌아 왔을 때, 아담들의 행동이 이상해진 것을 보고 분노하여 "누가 저 열매를 먹었느냐?"라며 꾸짖자 열매를 먹은 아담들이 겁을 먹고 고백을 하였다. 이에 텡그리는 금단의 열매를 먹은 아담들을 이덴에서 추방하게 되었다. 그 금단의 열매는 가지면 안된다는 의미에서 '알마(카: Алма, 사과)'라고 명명되었다.10)

※ 카자흐어로 '물건을 받다', '가지다'는 '알루(алу)'라고 한다. 반대로 '가지지 마', '받지 마'라고 말할 때는 한국어와 똑같이 '마'를 붙여서 '알마(алма)'라고 발음한다.

스튜어트 리 앨런(Stewart Lee Allen)의 『악마의 정원에서』에 의하면 성경에는 에덴 동산에서 쫓겨날 때 먹었던 과일을 '금단의 열매'라고 써 놓았지 '사과'라는 기록은 없다. 그러나 유럽인들은 통상 금단의 열매라고 하면 '사과'라고 인식한다. 그러한 생각을 하게 된 이유는 고대 켈트족의 드루이드교와 관련이 있는 것으로 보인다. 켈트족이 거주하던 지역은 알프스 산맥 북쪽으로 포도가 자랄 수 있는 기후가 되질 못했다. 그래서 사과를 발효하여 사과주로 종교의식을 거행했을 것으로 추정하는데 이 때문에 켈트족은 천국을 아발론(Avalon, 사과의 섬)이라 부르며 동경했다. 이러한 드루이드교의 풍습은 로마 가톨릭과의 갈등을 겪다가 사과를 선악과로 삼기로 한다. 유대교에 있는 선악과 이야기는 고대 켈트족에게도 있었고 중앙아시아에도 존재했다. 그러나 유럽에

---

10) 자나이다로프, 앞의 책, 31~34쪽.

서 그 과일을 사과라고 정의하게 된 것은 켈트문화의 영향이며 북방문화가 기독교문화로 들어갔다는 것을 방증한다.

그렇다면 어느 쪽 신화가 더 오래 된 것일까? 인류가 가장 먼저 사과를 재배한 지역은 중앙아시아이다. 따라서 유라시아 대륙에 존재하는 여러 금단 열매에 대한 신화의 최초 발생지는 중앙아시아일 가능성이 높다. 조지아대학(University of Georgia)에서 출간한『Origin, History of Cultivation』에 의하면 사과의 조상은 말루스 시에베르시(Malus sieversii)로 중앙아시아 카자흐스탄 남부가 원산지이며 BC 300년경, 알렉산더 대왕이 오리엔탈 지역을 정복하던 당시 소아시아에서 가져와 유럽에 퍼지게 되었다. 따라서 사과를 먹고 에덴에서 쫓겨났다는 이야기의 원형은 중앙아시아 텡그리 신화에서 말하는 진흙으로 만들어진 아담들이 이덴(和田, Hétián)에 살다가 사과를 먹고 쫓겨났다는 이야기가 최초일 가능성이 있다.

그런데 이 지역에는 사과 외에도 과일을 먹고 처벌 받았다는 전설이 많이 있다.『부도지』에 의하면 한민족은 파미르 고원에서 사과를 먹고 쫓겨난 것이 아니라 포도를 먹고 쫓겨났다고 한다. 포도를 먹고 문제를 일으킨 지소씨가 무리를 이끌고 성 밖으로 나갔다고 하며 그 외의 다른 사람들도 마고대성을 떠나 동서남북으로 흩어졌다는 기록이 있다. 또한 중국소설『서유기』를 보면 익는데 9천 년이 걸린다는 불로불사의 천도복숭아를 손오공이 훔쳐 먹고 도망쳤다는 얘기가 나오는데 그 복숭아는 우리가 흔히 보는 것이 아니라 납작한 형태의 복숭아다. 이런 형태의 복숭아는 중앙아시아에서 재배되는 복숭아다. 또한 중앙아시아 천산에 살았다는 서왕모 전설에서도 복숭아 이야기가 나온다. 그리고 일반 사람은 절대로 이 복숭아를 먹어서는 안되며 함부로 복숭아를 따면 죽는다는 전설도 있었다.

이러한 이야기를 수집해 보면 천산산맥 일대는 고대 스키타이족이 신성시 여기던 성지였고 이곳에서는 사과, 포도, 복숭아가 열렸으며 사람은 절대 손대면 안 되는 과일이었다는 점을 알 수 있다. 그 과일을 먹으면 마음이 사악해진다거나 독이 있어서가 아니라, 지배계급의 음식이었기 때문에 처벌을 받은 것으로 보인다. 더구나『부도지』에서 이들은 포도를 따먹고 난 후 그 독 때문에 펄쩍 뛰고 노래를 부르며 기분이 좋았다고 묘사한 것으로 보아 그들이 먹은 포도는 땅에 떨어져 발효된 것이라 추정된다. 중앙아시아나 아프리카의 건조지역에 있는 과일들이 다 익어서 땅에 떨어지면 발효작용이 일어나면서 알코올화되어 종종 동물들이 그 과일을 먹고 취해서 비틀거리거나 쓰러져 자는 경우가 있다. 즉 이들은 종교 제례의식을 위해 준비해둔 포도주나 사과주 혹은 복숭아주를 마시고 난동을 부려 쫓겨났다는 것이 더 현실적인 해석이라고 생각한다.

헤로도토스(Herodotos)의『역사』를 보면 스키타이족들이 존경하던 고산지대의 신성한 부족에 대한 기록이 있는데 다음과 같다.

카스피해 근처에는 농경 스키타이가 살고 그 동쪽에는 유목 스키타이족이 살고 있다. 이들을 지나 더 동쪽으로 가면 험준한 산 정상에 남녀 모두 대머리인 종족이 살고 있는데 복장은 스키타이와 같고, 그들 고유의 언어를 가지고 있다고 한다. 대머리 종족은 유목 스키타이처럼 고기도 먹었지만 주로 나무 과일을 먹으며 채식생활을 했다. 이들은 무기를 가지고 있지 않은 평화로운 종족이었는데 주변의 스키타이들은 이들을 해하지도 침략하지도 않았으며 대머리 종족의 사람들을 존경했으며 주변 종족 간의 분쟁이 발생했을 때에는 이 대머리 종족이 분쟁을 해결해 주었다고 한다. 이 종족의 이름을 헤로도토스는 아르기파이안(Argippaeans)이라고 불렀다.11)

앤드류 콜린스의 『금지된 신의 문명』 제1권에서도 고산지대의 샤먼이 채식을 했다는 기록이 발견된다. 만다야교에서 내려오는 민간전승에 의하면 시무르그(Simurgh)는 여성으로 히르미즈(Hirmiz)왕의 궁궐에서 환대를 받았을 때 고기를 먹지 않았기 때문에 '신의 과일들'로 만찬을 베풀었다고 한다. 따라서 고산지대에서 채식을 하며 종교적 제사장의 역할을 했던 자들이 고대 천산이나 메소포타미아 고원 일대에 있었다는 것을 알 수 있다. 이러한 전통이 오늘날까지 전승되어 힌두교나 불교에서 채식을 하는 전통이 생겼을 것이다. 고산지대의 샤먼들이 채식 위주의 식사를 한 것은 단순히 건강한 신체를 가지기 위한 목적보다는 종교적인 이유 때문에 그랬을 가능성이 높다. 헤로도토스의 『역사』에 기록된 스키타이족의 종교계급의 식습관에서 보았듯이 이들은 채

---

11) 헤로도토스, 『역사』, 4권 23장.

식과 과일 위주의 식사를 주로 하였다. 샤먼들이 술을 종교의식에 사용하게 된 것은 이들이 먹던 과일이 자연발효를 하여 알코올 성분을 가지게 된다는 것을 우연히 알게 되면서 맛없고 독성이 강한 버섯 대신 술을 접신을 할 때 마시는 대용으로 사용하게 되었을 것이다. 드루이드교에서도 언급했듯이 고대 종교에서 술은 샤먼이 접신을 할 때 마시는 중요한 의식용 음식이었기 때문이다.

시베리아 샤먼들은 부족에 문제가 있을 때 문제를 해결하거나 조상신 혹은 하늘의 신을 만나기 위해서 환각성 물질을 사용했다. 이들은 주로 광대버섯과 같은 독버섯류를 사용했으며 그것을 영험한 물질이라고 여겼다. 버섯을 가사상태에 이를 정도만 먹은 뒤 의식을 잃은 상태가 되면 몸에서 영혼이 빠져나와 승천하여 조상이나 신들을 만나 대화할 수 있게 된다고 믿었던 것이다. 스키타이족도 환각성 물질을 종교의식에 사용했다. 중국 타클라마칸 사막에 있는 로프노르 유적지에서는 유럽인의 외모를 한 미라가 발견되었는데 그 옆에서 마약의 주재료로 알려진 마황이 발견되었다. 문헌상에는 존재하지 않으나 고대 한국에서도 샤먼이나 왕이 환각물질을 먹고 신으로부터 계시를 받아 정치를 했을 가능성이 매우 높다. 경주에서 발굴된 유물 중에 광대버섯 모양을 본떠 만든 청동버섯이 매장품에서 나온 것으로 보아 신라에서도 버섯과 같은 환각물질을 종교의식에 사용했을 가능성이 높다.

한국의 마고신 신화에서 등장하는 마고의 역할은 아이의 출산을 관리하고 옷감을 짜는 여신인데, 마고(麻姑)의 한자표기에 쓰는 '마(麻)'는 대마초이기도 하다. 즉 고대 샤먼들은 신탁을 하는데 있어서 환각물질을 신성시 여기고 중시했다는 것을 알 수 있다. 이 지역 외 그리스의 델포이 신전에서도 환각물질을 가지고 신탁을 했던 전통이 있었다. 그래서 존 엘레그로(John M. Allegro)라는 학자는 에덴동산에서 아담과 이브가 먹고 쫓겨난 과일이 사과가 아니라 광대버섯과 같은 독버섯이었을 것이라고 주장한다. 이런 주장 또한 틀리지는 않다고 생각한다. 왜냐하면 결국 신탁의식의 목적은 가사상태에 빠지는 것이기 때문에 그러한 상태를 만들기 위해서 대마초를 피든, 독버섯이나 술을 먹든 어떤 수단이고 상관없는 것이다. 따라서 대홍수 이후 유라시아 지역으로 흩어져 간 샤먼들은 그 지역에서 활용 가능한 재료를 신탁의식의 수단으로 사용했을 가능성이 높다. 따라서 핵심은 어느 과일이냐가 아니라 환각물질이라는 데 초점을 맞추어야 한다고 본다.

그림 13 청동버섯 유물, 고조선(위), 신라(아래)

7

문명 전파자들은
사악한 존재인가?

전 세계 고대문명의 신화를 보면 외부로부터 온 세력에 의해 문명이 발달했다는 공통점을 발견할 수 있다. 한국 단군신화에 나오는 환웅이라는 인물도 하늘나라로부터 지상세계에 내려와 건국하였다고 하나 그건 신화적 이야기이고, 『한단고기』에 따르면 환웅은 인간으로 중앙아시아 지역에서 동북아시아로 이동하여 나라를 세운 인물이라는 점을 알 수 있다. 즉 문명이 발달되지 않은 현지인의 관점에서는 놀라운 기술을 가진 환웅의 무리가 신이지만, 사실 이들은 기술을 가진 사람들이었던 것이다. 『에녹서』에도 천사에 대한 묘사가 나오는데 흥미로운 점은 동양에서는 문명을 전파해준 사람들을 고마운 존재로 인식하는 반면 서양에서는 그들을 타락천사 혹은 사탄으로 인식하며 부정적으로 본다는 점이다.

아사셀은 사람들에게 검과 작은 칼과 방패와 흉배 만드는 법을 가르치고 금속과 그 가공법과 팔찌와 장식과 합금의 사용법과 눈

썹을 손질하는 법과 각종 보석과 온갖 물감을 보여주었다. 그 후에 불경건한 일들이 일어났으며 그들은 음행하여 길을 잃고 모든 면에서 완전히 타락해 버렸다. 세미아자는 각종 주술과 초목의 뿌리 끊는 법을, 아르마로스는 주술 푸는 법을, 바라키할은 점성술을, 코가브렐은 천체의 징조를, 에즈킬은 하늘에 대한 지식을, 아라기엘은 이땅의 징조를, 삼시엘은 태양의 징조를 그리고 사리엘은 달의 운행을 가르쳤다.12)

표 3 환웅과 타락천사의 비교

	환웅	타락천사
원래 거주지	하늘나라	하늘나라
일행	있음	있음
주요 행적	문명 전파	문명 전파
현지 여인과 결혼	했음	했음
후세 사람들의 평가	긍정적	부정적

유럽의 기독교적 세계관에서 보면 신의 뜻을 거스르지 않고 선하게 사는 방법은 과학발전을 이루어 문명을 이루기보다는 원시상태로 사는 편이 맞는 것으로 보인다. 왜냐하면 인류에게 가장 필요한 지식을 전파해준 천사들을 기독교에서는 타락한 천사로 묘사하기 때문이다.

---

12) 제이 윈터, 『쉽게 읽는 에녹서』, 쥬빌리, 2020, 30쪽.

천사에 의한 문명 전파에 대해서 의견이 갈리는 사건이 또 하나 있는데, 바로 불에 대한 인식이다. 그리스 신화에서는 프로메테우스가 인간에게 불을 준 사건으로 인해 제우스의 분노를 샀다고 한다. 그러나 중앙아시아 텡그리 신화에서는 오히려 인간들이 추위에 떨고 이가 약해서 생고기를 먹지 못하는 것을 신이 불쌍히 여겨 불을 전해주었다고 한다. 서양 종교의 관점에서 본다면 고대 한국의 지배자들은 타락천사가 되는 것이다.

앤드류 콜린스의『금지된 신의 문명』제1권에 의하면 요한 묵시록에 사탄이라는 '옛 뱀'이 나오는데 이는 창세기에서 이브를 유혹한 뱀뿐만 아니라『에녹서』에 나오는 신에게 반역한 '주시자'들을 가리키는 의미이다. 즉 주시자들이 인간에게 비밀을 유출하여 문명이 탄생하자 후세의 기독교를 믿던 종교인들은 그들을 사탄 혹은 타락천사라고 칭한 것이다. 이를 통해 인간문명의 발달은 하나님의 뜻에 있는 것이 아니라 그에게 대항했던 악마의 개입 덕택이었다는 점을 알 수 있다. 그렇다면 인간의 입장에서 볼 때 누가 더 우리에게 풍요로움과 평화로움을 준 것일까? 서양 종교에서 신은 고압적이고 인간을 심판하며 벌을 주는 이미지가 강하다. 그러나 동양 종교에서 신은 인간을 이롭게 만들기 위해 많은 노력을 하는 것을 볼 수 있다. 제카리아 시친(Zecharia Sitchin)의『수메르 혹은 신들의 고향』에 의하면 아눈나키들이 인간을 창조한 목적은 자신들 대신 육체노동의 노예로 쓰기 위해서였다는 내용이 나온다. 즉 신이 인간을 창조하기는 했으나 필요에 의해 창조한 것이지 애정을 가지고 만든 존재는 아니라는 것을 알 수 있다. 천사가 영적인 존재가 아니듯이, 고대신화에서 나오는 인간적인 감정을 가진 신들도 영적인 존재가 아닌 생명체였다. 때문에 이들은 인간을 자신들의 노예로 부리면서 편안한 삶을 누리고자 했다는 것을 알 수 있다. 추정컨대 고산지대에서 내려온 기술문명 집단의 엘리트들은 저지대에 살던 인간에게 지식이나 과학 기술을 전수하지 않고 자신들을 대신해 고된 육체노동을 시킬 생각이었기 때문에 일부 인간에 대해 동정심을 가지고 불을 준다거나 기술을 가르쳐 주는 일을 극히 경계했던 것으로 보인다.

이러한 현상은 오늘날도 존재한다. 선진국들은 후진국의 국민을 값싼 노동력으로 사용하려 하지 기술을 전수해서 첨단제품을 만들게 되어 자신들과 경쟁하게 되는 것을 좋아하지 않는다. 따라서 구약에서 악마라 불리던 루시퍼와 그의 추종자들은 오히려 인간의 관점에서 볼 때는 선한 존재라 할 수 있을 것이나, 고대 천신족들에게 있어서는 배신자이자 악인 것이다. 그렇다면 우리는 고대 신에 대한 개념을 전반적으로 재고해 봐야 하는 것이 아닐까? 『에녹서』에 쓰여 있는 타락천사와 천사의 역할을 보면 인간의 입장에서 봤을 때 의문이 드는 대목들이 많다.

구약성경을 보면 우리가 선한 존재로 여기는 신의 천사들은 인간을 심판하고 감시하는 역할을 주요 업무로 하고 있으며, 타락천사라고 불렀던 존재들이 오히려 인류가 자연을 극복하고 문명화된 삶을 살게 해준 역할을 했다는 점을 발견할 수 있다. 신과 천사가 영적인 존재가 아니라 인간과 같은 생명체라면 위와 같은 현상이 나오는 건 어쩌면 당연

표 4 신의 천사와 타락천사 역할의 비교

신의 천사		타락천사	
이름	역할	이름	역할
우리엘	타르타루스 경비	아사셀	금속 제련술
라파엘	인간의 영웅 보호	세미아자	주술, 약초
라구엘	광명체의 세상 징벌	아르마로스	주술
미카엘	인류의 최상층, 혼돈지배	바라키할	점성술
사라카엘	죄 있는 영 지배	코카브렐	천문학
가브리엘	낙원과 뱀, 캐루빔 관리	에즈킬	천문학
르미엘	깨어나는 자들의 감독	아라키엘	지질학

하다. 결국 종교를 통해 인간 세상을 지배했던 샤먼들이 다수의 인간을 노예로 삼았기 때문에 감시의 역할이 많았던 것이다.

『에녹서』에서 천사를 주시자라고 부른 것도 바로 신이 인간을 감시하기 위해 보낸 자들이었기 때문이다. 여기에 등장하는 천사들은 인간에게 호의적이지 않게 묘사된 부분이 많다. 그래서인지 몰라도 서양의 종교 지도자들은 수천 년간 과학문명의 발전을 막아왔다. 과학문명의 발달이 인간을 노예로 삼기 어렵게 만들기 때문이다. 현재도 그들은 과학기술의 발달에 부정적이며, 과학의 발전을 사악한 것으로 인식하는 사고방식이 크게 변하지 않은 것으로 보인다. 그럼에도 불구하고 서양이 철학, 과학, 기술에서 동양을 능가하게 된 것은 서양의 지식인들이 종교로부터의 해방을 위해 수많은 저항을 해서 이뤄낸 산물이라 할 수 있을 것이다. 오히려 동양에서는 서양이 각성하던 시기에 종교를 더욱 강화하면서 다양한 사고와 토론이 제한되었고 엄격한 계급사회를 지향하면서 결국 근대에 이르러 서양에 밀리게 되었다.

8

천신족의 하산과
저지대 민족과의 만남

　고산지대에 살던 천신족을 비롯한 주시자들이 저지대에 내려오게 된 계기는 기후변화와 관련이 있는 것으로 보인다. 대홍수 때는 살아남기 위해 고산지대에서 살 수밖에 없는 상황이었지만, 간빙기가 끝난 후에 더 이상 홍수가 발생하지 않게 되자 따뜻한 저지대로 내려가 사는 쪽이 훨씬 안락했을 것이다. 동투르키스탄에 있는 '이덴'이라는 곳은 텡그리 신화에서 신이 진흙으로 인간을 만든 다음 살게 했던 최초의 저지대 도시였다. 이 지역은 타림강, 야루칸트강을 포함해 많은 강이 흐르던 살기 좋은 곳이었다. 그러나 BC 3500년경 따뜻하고 습도 높은 기후가 끝나고 건조한 기후가 시작되면서 타림분지 지역의 문명은 서서히 쇠퇴하기 시작하였다. BC 1500년 무렵부터는 사막화가 심화되어 타림분지에 존재했던 수많은 고대문명이 사막의 모래 속에 묻혀 사라져 버렸다.

　이 시기에 신의 천사와 타락천사 간의 갈등은 저지대에 사는 원시적인 인류를 지배의 대상으로 삼을 것인가 공생의 대상으로 삼을 것인가에 따라 주시자들의 의견이 갈리면서 생긴 문제가 아닌가 생각한다. 공생을 선택한 지역에서는 한국의 단군신화에서 볼 수 있듯이 고산지대에서 내려온 기술자 집단을 지배자로 삼아 새로운 나라를 건설하고, 현지 여인과의 결혼을 통해 정착하게 되면서 다른 지역과는 다르게 문명의 발전을 빠르게 이루었던 것으로 보인다. 급격한 문명의 발전을 이룬 후 이 지역에서는 초기 건국에 기여했던 기술자 집단들을 신격화하여 다신교 신앙이 발생했다. 이집트, 메소포타미아, 인도, 한국, 일본, 마야, 잉카문명에 전해오는 많은 신은 외지에서 온 기술자 집단이다.

그렇다면 모든 종교가 신격화를 통해 만들어졌을까? 신의 우상화는 저지대 거주민이 만들어낸 풍습이지만, 신의 대상이 되었던 고산지대의 주시자들은 별도의 신앙체계를 가졌던 것으로 보인다. 이들은 홍수 이전의 시대에 가지고 있던 지식을 기반으로 자연재해로부터 살아남았고, 그 이후로도 계속 혹독한 자연 환경과 싸우며 고산지대에서 살았기 때문에 천문학과 지리학에 대해 깊은 지식을 가지게 되었을 것이다. 태풍이나 지진 등 각종 자연재해는 사전에 징조가 있기 때문이다. 그래서 이들은 재난으로부터 살아남기 위해서 끊임없이 하늘을 관측하며 자신들이 사는 지구가 지금 어느 시기에 진입 했는지 측정했던 것으로 보인다.

이렇듯 주시자들의 천문관측술과 그들에 대한 신격화가 결합하여 오늘날의 종교가 탄생을 하게 되었을 가능성이 높다. 다만, 시간이 흐르면서 홍수 이전에 대한 기록이 희미해져감에 따라 야만적인 종교의식도 탄생하게 된 것으로 보인다. 고대 유라시아 대륙의 북반구에서는 동짓날이 되어 태양이 뜨지 않으면 태양신이 죽었다고 생각했다. 태양을 다시 띄우려면 마을의 처녀를 잡아서 화형을 시켜야 한다고 믿었기 때문에 매년 마을 처녀를 제물로 바치는 악습을 행했다. 마야문명에서도 태양의 기운이 다 되어 지구 종말이 온 것이라 믿고 태양신을 다시 살리고자 매년 수만 명의 포로를 잡아서 제물로 바쳤다. 훗날 이러한 의식을 하지 않아도 태양이 떠오른다는 걸 알았으나 인류는 수천 년간 잘못된 지식에 의해 수많은 인명을 희생시켰다.

저지대 문명이 발달한 것은 고지대 사람들의 기술 덕분이기는 했으나 홍수시대 이전 수준으로 발달시키지는 못했다. 더구나 홍수시대 이전의 문명과 기억을 간직하고 있던 기술자 집단들이 하나 둘 늙어 죽으면서 고대문명은 갑작스러운 발달 이후 오히려 점차 쇠퇴하는 경향을 띠었다. 이집트 문명의 유물을 봐도 고왕조 때에는 고도로 급격히 발달한 문명이 나타나지만 중왕조, 신왕조로 갈수록 유물들의 세공기술이나 정밀도가 오히려 더 떨어지는 걸 볼 수 있다. 고조선 시대 유물인 국보 141호 '다뉴세문경'을 보면 약 2천 4백 년 전 청동기 시대에 만들어진 유물임에도 불구하고 지름 21.2cm의 작은 거울 안에 무려 1만 3천 개가 넘는 정교한 선과 동심원이 새겨져 있으며 선과 선의 간격은 0.3mm에 불과하다. 이외에도 청동기 시대에 만들어진 거대한 신전유적들이 전 세계에 많이 있다.

고지대 주시자들과 저지대 원시인류의 연대로 만들어진 문명은 주시자들의 천문지식과 지도자의 우상화가 합쳐져 '천손강림사상'으로 발전한 것으로 보인다. 이를 바탕으로 지도자들은 하늘의 신을 대신해

그림 14 다뉴세문경. 충남 아산 남성리(좌), 평남대동 반천리(우)13)

지상의 인간을 통치하는 권한을 받았다는 철학을 발전시켜 나라의 통치권에 정당성을 부여한 것 같다.

　고대 주시자들이 살았던 파미르-티베트 고원의 사회는 어떠한 모습이었을까? 고대 유라시아 유목민 사회는 평등의식을 강조했던 것으로 보인다. 고조선의 건국이념인 홍익인간 사상만 봐도 '인간을 널리 이롭게 한다'라는 사상을 가지고 있기 때문이다. 그러나 우리가 생각하는 현대식 민주주의의 개념은 아니라는 한계가 있었다. 고조선의 8조법에 의하면 "남의 물건을 훔친 자는 데려다 노비로 삼으며, 속죄하고자 하는 자는 1인당 50만 전을 내야 한다."라는 규정이 있다. 평등사상을 강조했지만, 노예제도가 존재했기 때문에 그리스식 민주주의 형태에 더 가까웠던 것으로 보인다. 비록 노예는 배제되었지만 고대 유목사회에서는 모든 문제를 부족장들과 함께 결정하는 일종의 의회제도를 가지

---

13) 국립중앙박물관

고 있어서 왕이 독단적으로 결정할 수 없게 했다. 이들은 오늘날의 민주주의처럼 삼권분립을 했는데 왕의 부족, 왕비의 부족, 귀족집단들이 서로 세력을 견제하면서 나라를 운영해 나갔다. 특히 유목생활을 많이 했던 이들은 모든 부족장들을 모아 놓고 다음 해에 어느 부족이 어느 지역에서 유목을 할지 결정하였다. 유라시아 전 지역이 유목생활을 하는데 적합한 지형을 가지고 있지는 않았기 때문에 이들은 의결에 의해 순번제로 돌아가며 살기 좋은 초원을 공유했다.

이들은 농사도 했다. 많은 사람이 유목민은 농사를 하지 않았던 것으로 아는데 그들도 농사를 지었다. 지금으로부터 1만 년 전쯤 파미르 고원 일대에서는 밀농사를 했으며 밀로 면을 만들어 국수를 먹는 음식 문화가 이미 존재했다. 다만 당시 농사는 매우 힘든 일이었기 때문에 주로 전쟁포로나 노예를 이용해서 농작하였다. 스키타이족의 골품제도에도 무사계급, 종교계급, 유목계급, 농경계급이라는 신분이 있는데, 유목민 사회 안에 농사를 짓는 계층이 있었음을 알 수 있다. 이러한 풍속은 19세기 근대화가 이뤄지기 전까지 유지되었다. 몽골에서도 몽골인이 면 음식을 먹었으나 농사는 직접 짓지 않고 한족을 통해서 했다.

9

북극성 신앙은 마고숭배 신앙이며
모든 인류의 공통 신앙

고지대에 살았던 주시자 즉 샤먼은 저지대 사람들과 다른 종교관을 가지고 있었던 것으로 보인다. 이들은 신을 인격화해서 믿기보다는 우주 자체를 신으로 인식했다. 오늘날의 종교는 동서양 모두 신의 이미지를 인간의 모습이나 동물의 모습으로 묘사하지만 고대 샤먼은 별자리 신앙의 형태로 가지고 있던 것으로 보인다. 이들은 천문학에 조예가 깊었는데, 하늘의 별자리가 변하면 지상에 변화가 일어난다고 믿었다. 이러한 사상에서 나오게 된 것이 프리메이슨이 자주 언급하는 "As above so below"로 "하늘에서 이루어진 것과 같이 땅에서도 이루어지리라."라는 철학이다. 이는 한국의 '재세이화(在世理化)' 사상과 같다.

하늘에 떠있는 별은 셀 수 없이 많지만 고대 샤먼들이 중요시 여겼던 별은 세계 공통으로 한정되어 있다. 그 별은 바로 북극성이다. 북극성은 지구가 자전을 할 때 움직이지 않고 고정된 별이기 때문에 세상의 중심이라고 생각했으며, 인간의 영혼이 북극성으로부터 온다고 믿었다. 그래서 한국에서는 북극성신을 '삼신 할머니'라고도 부른다. 그 다음은 태양과 달을 중요하게 생각했다. 이 둘은 남매 별로 각각 남자와 여자라고 생각했다. 고대에는 태양이 여자, 달이 남자라고 생각했으나 모계사회가 끝나고 부계사회가 되면서부터 태양을 남자, 달을 여자로 인식하게 되었다. 그러나 지역에 따라 모계사회와 부계사회가 혼재했기 때문에 오늘날 태양과 달에 대한 성의 개념도 혼재되어 있다. 또한 태양과 달은 각각 불과 물을 상징한다. 그 다음은 우리가 육안으로 볼 수 있는 수성, 금성, 화성, 목성, 토성까지 다섯 개의 행성이며, 끝으로 태양이 지나가는 길에 있는 황도 12궁의 별을 중요시했다. 고대 샤먼들은 이 별들이 어느 위치에 있는가에 따라 지상에 변화가 일어난다고 믿었다. 이외로 중요한 별에는 시리우스와 플레이아데스가 있다.

표 5 고대 종교에서 중요시 여기는 주요 별자리

종류	별 이름
북극성	작은곰자리, 세페우스, 백조자리, 직녀성(헤라클레스), 용자리
음양의 별	태양, 달
5행성	수성, 금성, 화성, 목성, 토성
황도 12궁	양자리, 황소자리, 쌍둥이자리, 게자리, 사자자리, 처녀자리, 천칭자리, 전갈자리,(뱀주인자리), 궁수자리, 염소자리, 물병자리, 물고기자리

〈그림 15〉는 별의 움직임을 간단하게 표현한 것이다. 여기서는 수성, 금성, 화성, 목성, 토성은 일단 제외했다. 지구의 자전으로 인해 북극성과 지구가 회전축의 중심이 된 상태에서 보이는 하늘의 별자리이기 때문에 지구와 북극성을 가운데 겹쳐 놓았을 뿐, 천동설을 의미하는

그림 15 북극성, 태양, 달, 황도 12궁의 관계

것은 아니다. 이러한 우주관은 지상에 문명을 건설했던 샤먼들에게도 큰 영향을 끼쳤다. 하늘의 북극성이 우주의 중심이듯, 지상의 중심이라 여겨지는 위치에 북극성을 상징하는 수도를 건설하고 별자리 모양을 본 떠 도시를 건설했으며 지도자 또한 북극성의 기운을 받아 탄생한다고 믿 었다. 인류가 숭배하던 많은 별신 중 가장 으뜸의 신앙은 북극성 신앙이 었다. 북극성은 모든 별의 한가운데 위치해 있으면서 움직이지 않고 있 기 때문이다. 한국인도 북극성을 최고의 신으로 생각하며 받들었다.

한국에서 문헌상의 기록에 존재하는 가장 오래된 북극성 신앙은 '마 고 신앙'이다. 『부도지』에 의하면 약 1만 2천 년 전 파미르 고원에는 마고대성이 있었으며 그곳에서 지상의 모든 것을 관장했다는 전설이 있다. 여기서 말하는 마고대성은 하늘의 별자리인 마고성으로 서양에서는 베가(Vega)라고 부르며 동양에서는 직녀성이라고 부른다. 1만 2천년 전 북극성은 마고성이었다. 그런데 당시는 인류가 대홍수로 전멸했던 때로, 홍수 이전의 지식을 가지고 생존했던 인류가 파미르 고원에 살던 시기와 일치한다. 홍수에서 살아남은 생존자들 즉 천신족 혹은 주시자라고 불리게 된 사람들은 파미르 고원에 고대 문명을 건설하고, 하늘의 중심이 마고성인 것처럼 지상의 중심지는 북극성의 기운을 받은 파미르 고원의 마고대성이라고 생각했을 가능성이 있다.

당시는 모계 중심 사회로 여성이 종교를 담당하던 시대였다. 북극성을 대리하던 지상의 여성 샤먼들은 마고성의 현신으로서 여성의 출산을 돕고 옷감을 짜서 직물 옷을 만들어 주는 역할 등 각종 기술과 문화를 저지대 원시 인류에게 보급했다. 고대 지배계급이었던 샤먼들은 우주를 신으로 생각했지만 피지배계급이었던 대다수의 사람들은 샤먼을 지상에 내려온 신의 현신으로 숭배했다. 그러다보니 전 세계적으로 신의 이미지가 인격화 된 것이 아닌가 생각한다. 한국에서는 아기가 처음 태어날 때 엉덩이에 있는 몽고반점을 보고 삼신할머니(마고신)가 빨리 나가라고 발로 엉덩이를 차서 생긴 점이라고 말한다. 마고 신앙은 한국만의 신앙은 아니고 중국을 포함해 동북아시아 전역에 광범위하게 퍼져 있다. 더구나 중동과 유럽에도 있었을 가능성이 있다.

『부도지』에 보면 인류가 마고대성에서 금기된 과일인 포도를 먹고 동서남북으로 쫓겨났다는 기록이 있으니 이 기록이 맞다면 다른 지역에도 마고 신앙이 존재해야 한다. 동양의 마고성 즉 직녀성은 서양 별자리 이름으로는 베가인데 둘의 발음은 어쩌면 하나의 발음에서 기원했을 가능성이 있다. 〈그림 16〉은 마고성과 관련된 베가의 여러 발음들 즉 베가, 웨가, 와끼 그리고 마고신과 관련이 있는 신들의 이름인 마고, 마곡, 막고, 마그, 마기, 마꼬쉬라는 명칭들이 존재하는 지역의 분포이다. 고대 메소포타미아의 마기들이 행했던 신비한 능력에서 매직이라는 단어가 만들어졌기 때문에 마술을 뜻하는 영어의 매직(Magic)도 포함하였다.

마고신을 의미하는 마고, 막고, 마곡은 같은 단어의 발음이 변한 것이라 의미도 같다. 슬라브족의 토착신앙에 나오는 마꼬쉬의 경우도 동양의 마고신과 같은 신일 가능성이 높다. 왜냐하면 둘 다 여성 신으로서 아이의 출산을 담당하며 평상시에는 실을 뽑는 역할을 한다고 믿었기 때문이다. 또한 마고나 마꼬쉬를 묘사할 때 한 명으로 묘사하기도

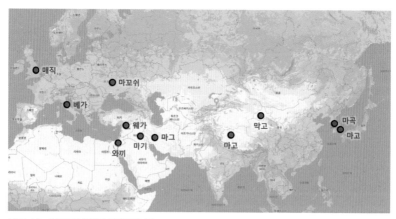

그림 16 마고로부터 파생된 단어들

하지만 세 명으로도 묘사한다. 한국에서도 마고신 즉 마고할매를 삼신할매라고도 부른다. 마찬가지로 마꼬쉬 또한 종종 세 명의 여인으로 묘사하는 것으로 봤을 때, 같은 신이라는 것을 알 수 있다. 슬라브어에서 '마꼬(Moko)'는 이름이고 뒤에 붙은 '쉬(шь)'의 경우는 여성명사임을 나타내는 것이기 때문에 '마꼬쉬'가 '마고'와 동일하다는 것을 유추해서 알 수 있다.

표 6 민족별 베가성의 발음과 의미

나라	이름	의미
아시리아	다얀-사메(Dayan-Same)	하늘의 심판자
아카드	티르-안나(Tir-Anna)	하늘의 생명
바빌로니아	딜간(Dilgan)	빛의 전령
인도	아브히지트(Abhijit)	검은 독수리
아랍	웨가(Wega)	추락, 착륙
아랍	알 나스르 알 와키(Al Nesr Al Waki)	검은 독수리
서양	베가(Vega)	새
동양	마고성, 직녀성	베틀 짜는 여인

보통 마고신은 삼신할매라고도 불려 북극성의 신이라고 생각했다. 왜냐하면 마고신이 하는 역할이 출산을 담당하는 것인데, 고대 한국인은 인간의 영혼이 북극성으로부터 온다는 믿음을 가지고 있었기 때문에 마고신과 북극성은 같다고 생각했다. 유라시아 대륙에서 북극성을 뭐라고 부르는지 함께 살펴보면 마고와 베가는 같은 단어에서 파생한

발음이라는 사실을 알 수 있다. 〈표 6〉은 베가를 다른 지역에서 어떻게 불렀는지 정리해 놓은 것이다.

〈표 6〉을 보면 **베가**(Vega)의 아랍어 단어 **웨가**(Wega), 알 나스르 알 와키(Al Nesr Al Waki)는 영어발음 'ㅂ(V)' 발음이 'ㅇ(W)'로 변했다는 것을 알 수 있다. 한국어에서도 순경음 'ㅂ' 발음은 지역에 따라 'ㅂ' 혹은 'ㅇ'으로 발음이 갈라지는 것처럼 유사한 발음변화 현상이라는 것을 알 수 있으므로 **베가와 웨가, 와키**는 모두 같은 단어에서 발음이 변했을 것이다. 따라서 동양의 **마고**와 슬라브의 **마꼬쉬** 유럽-중동의 북극성을 일컫는 **베가, 웨가, 와키**는 모두 같은 의미에서 파생되었다고 볼 수 있다.

특히 여기서 주목할 점은 북극성을 대변한다는 샤먼의 복장이 공통점을 가지고 있다는 점이다. 고대 파미르 고원에 살았던 여성 샤먼들은 까마귀 털로 장식한 커다란 망토를 입었고, 슬라브족이 숭배한 마꼬쉬라는 신상을 보면 새처럼 묘사한 것을 볼 수 있으며, 중동지방에서 북극성신의 의미가 빛의 전령, 추락-착륙, 검은 독수리 등인 것으로 보아 고대 수메르 문명을 건설한 주시자들과 동일한 이미지라는 것을 알 수 있다. 이로써 다시 같은 결론에 도달하게 된다. 우리가 여태까지 인격화 된 신이라고 믿었던 존재들은 바로 대홍수로 문명이 파괴된 지역에 기술을 전파해 준, 고산지대에 살아남았던 홍수이전의 인류라는 것을 확인할 수 있다. 고산지대에서 내려와 중동에 문명을 전파해준 주시자, 파미르 고원에서 내려와 문명을 건설한 태호복희와 여와 그리고 만주에 고조선을 건국한 단군까지. 이 셋은 모두 문명을 건설한 기술자 집단이라는 점과 종교적 성격을 지닌 샤먼이었다는 점 그리고 깃털로 옷

그림 17 주시자의 모습과 유사한 몽골 샤먼과 잎사귀로 묘사된 옷을 입은 단군

을 만들어 입었다는 공통점을 지니고 있다.

한민족은 다양한 별신을 믿었지만 그 중에서도 최고의 신은 북극성 신이었다. 그 이유는 세상의 모든 별들이 북극성을 중심으로 움직였기 때문이다. 고대 지도자들은 하늘의 북극성을 대신해서 지상을 다스린다고 믿었다. 그래서 고대 제정일치 사회의 종교 지도자들은 자신이 북극성으로부터 권위를 받은 천손으로서 인간을 다스릴 권리가 있다고 생각했으며 이에 따라 의상이나 왕관에도 이러한 사상을 상징하는 문양을 새겨 넣어 국민으로부터 존경과 권위를 인정받았다.

〈그림 18〉은 지구가 23.5도 기울어 세차운동을 하는 모습인데 이처럼 기울어서 자전을 하다 보니 실질적인 북쪽은 북위 90도가 아니라 23.5도를 뺀 66.5도 지점이다. 바로 공포영화에서 흔히 보는 악마의 숫자 '666'의 지점이 북극성의 기운이 가장 강하게 머무른다고 믿는 지점이다. 서양에서 말하는 '666'은 기독교적 시각이 반영된 것으로 결코

나쁜 숫자가 아니며 오히려 좋은 숫자이다. 오늘날 '666'에 대해서 부정적인 시각을 가지게 된 요인은 아마도 기독교 세력이 유럽을 기독교화하기 위해 만든 악의적인 소문 때문일 것이다. 또는 상위 엘리트들만이 숫자 '666'으로부터 신비한 능력을 얻을 수 있다고 믿어 자신들만 숫자로부터 오는 그 능력을 독점하기 위해 일반 대중에게는 666이라는 숫자를 불길한 숫자로 사용하지 않는 것이 좋다고 역정보를 퍼뜨렸을 가능성이 크다.

북위 66도 지점은 우리가 북극권이라고 부르는 지역으로 그 안으로 들어가게 되면 북극이다. 이 지역은 타이가 삼림지대로 순록의 주 서식지이다. 순록이 이 지역에 많이 사는 이유는 먹이인 이끼가 자라기 때문이다. 이 지역에서는 말이 살 수 없어서 고대 유목민은 양을 키우기 이전에 순록을 키웠었다. 그래서 유목민은 원래 기마민족으로 시작한 것이 아니라 순록민족으로 시작을 했다가 인구가 팽창하자 저위도 지역으로 내려오면서 순록이 없어졌고 그때부터 말을 타기 시작한 것이

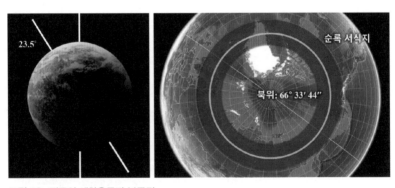

그림 18　지구의 세차운동과 북극권

다. 유목민족은 순록을 타고 순록 떼의 이동을 따라다니며 유목생활을 하였다. 그래서 이 지역의 지배자는 머리에 순록 뿔을 장식하고 하얀 순록을 타고 다녔다.

고대 유라시아 대륙에 살았다는 흰 피부에 백색 머리카락을 가진 종족을 증명할 수 있는 것은 영국의 켈트족 신화에 잘 나타나 있다. 헐리우드 영화 〈반지의 제왕〉을 보면 엘프족이 등장하는데 그들의 이미지는 한국의 역사책 『한단고기』에 나오는 백부인과 같다는 점을 알 수 있으며, 중동지방에서 주시자라고 인식하던 백색 피부에 흰머리를 가진 종족과도 생김새가 같은 것을 알 수 있다. 이러한 백부인의 분포는 앞서 언급한 '마고신'의 전설이 있는 지역과 일맥상통한다. 오늘날 동서양에서 백발의 종족은 사라졌지만 시베리아 내륙에 가면 아직도 백발의 유럽인 외모를 한 사람들을 종종 만날 수 있다.

중국과 한국의 역사서에 나오는 고조선의 지배세력 또한 백발의 종족과 무관하지 않다. 고조선은 제정일치 사회였기 때문에 두 지배 계급—백발에 서양인의 외모를 하고 흰 옷을 입은 종교계급과 편두를 하고 붉은색 옷을 입은 동양인의 외모를 한 무사계급—간에 정략결혼을 통해 혼혈아가 태어났다. 그랬기 때문에 제정일치의 권력을 가질 수 있었던 것이다. 따라서 고조선의 지도자는 동양인과 서양인의 혼혈인이었다.

이를 뒷받침하는 증거가 최근 한국의 고인돌에서 계속 나오고 있어 한국 사학계는 큰 충격을 받고 있다. 2011년 부산 가덕도 장항유적지에서 발굴한 유골의 DNA를 조사한 결과 독일계 백인과 유사하다는 결과가 나왔다. 이뿐만이 아니다. 강원도 정선군 북면 여량 2리 아우라지

유적지에서는 영국인 DNA를 가진 유골이 출토되었다. 이런 백인 유골들은 일부 지역에 한정된 것이 아니라 북한 평양시 승호지역 만달리 동굴, 충북 제천군 황석리 고인돌 유적 등 여러 곳에서 출토되고 있다. 한국인은 단일민족으로서 동양계 외모를 가지고 있다고 오랫동안 배워왔기 때문에 이렇게 백인계 유골이 나오면 당황해서 축소하여 발표한다. 그래서 일반 대중에게는 덜 알려져 있으나 신석기, 청동기 시대의 지배자들 중에 백인 혹은 혼혈인들이 존재했다는 사실은 명확하다. 백

그림 19 위구르 여인

인과 동양인 간의 정략결혼 전통은 신라에도 계승되었다. 수도였던 경주에서 발굴한 왕들의 유골 DNA를 분석한 결과 고대 신라 왕족들은 현재 한국인의 외모를 하고 있지 않고 동투르키스탄의 위구르인 외모를 하고 있었던 것으로 판명되었다.

고조선과 신라의 지배계급은 중앙아시아의 천산과 북방 시베리아를 굉장히 신성한 지역으로 인식했던 것으로 보인다. 자신들이 북극성신으로부터 인간을 다스릴 수 있는 권한을 받았다고 생각했기 때문에 머리에는 순록 뿔 모양의 관을 쓰고 나라를 다스렸다. 또한 신목사상이 있어서 북극성신에게 소원을 빌 때는 나무 앞에서 기도를 하는 풍습이 있었다. 오늘날 한국에서는 한반도에서 볼 수 있는 오래된 나무 앞에서 기도를 하지만 고대에는 자작나무 앞에서 했을 가능성이 있다. 시베리

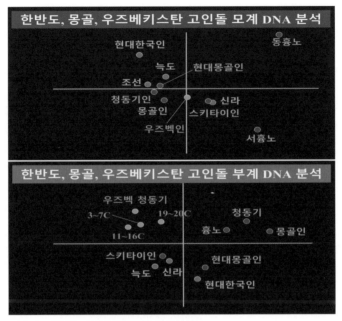

그림 20 신라인, 스키타이인 DNA의 유사성

아 샤머니즘에서 자작나무는 북극성신에게 소원을 빌 때 하늘과 땅을
연결해주는 매개체 역할을 한다고 여겨지기 때문이다. 많은 나무 중에
서 자작나무를 신성시 여긴 이유는 북극권 일대에 이 나무가 많기 때문
이기도 하고, 북극성에 도달하기 위해서는 은하수를 타고 하늘로 올라
가야 한다고 믿었는데 은하수의 색깔이 하얗기 때문에 자작나무를 은
하수의 역할로 인식하게 되어 그런 것 같다.

경주에는 신라 왕의 무덤인 '천마총'이 있는데 거기서 발견된 천마
도를 보면 천마가 그려진 바탕판의 재질이 자작나무이다. 이 나무를 쓴
이유는 왕의 영혼이 하얀 백마를 타고 자작나무를 넘어 북극성으로 돌

아가기를 희망해서 사용한 것이 아닌가 생각한다. 이러한 전통은 모두 시베리아 샤머니즘과 깊은 관련이 있으므로 신라의 지배층이 북방민족이었음을 알 수 있다.

신라에 백인의 외모를 한 지배계급이 존재했다는 증거는 '화랑'이라는 제도에서도 볼 수 있다. 화랑은 신라의 왕과 귀족들로 이루어진 집단이었는데 얼굴을 하얗게 칠하고 전쟁에 나가는 풍습이 있었다. 남자가 하얗게 화장을 그것도 전쟁터에서 했던 이유는 신라 지배계급의 외모가 변했기 때문인 것으로 보인다. 골품제도 초기 중앙아시아로부터 온 백인계 지배계층의 외모는 동아시아인과 확연하게 달라서 지배계급과 피지배계급으로 분류가 명확했다. 그러나 장기간 거주하면서 지방 토착세력과 정략결혼을 반복하자 순수혈통이었던 성골(聖骨) 출신들은 숫자가 줄기 시작했다. AD 6세기경 진덕여왕을 끝으로 성골은 사라지고 진골(眞骨)이 지배계급으로 등장하게 되자 이들의 외모가 피지배계급의 외모와 차이가 없게 되었다. 그러자 진골 출신의 화랑들이 성골 출신처럼 보이기 위해 하얀 화장을 한 것으로 추정된다. 진골 출신 왕과 귀족들을 중심으로 형성되었던 화랑은 성골처럼 하얀 피부를 가지고 있지 않았기 때문에 전쟁터에서 백성들을 인솔하여 진두지휘를 하게 될 때, 성골 출신처럼 보이기 위해서 하얗게 화장을 했던 게 아닌가 생각한다. 또한 그렇게 해야만 백성들과 외모가 다르다는 점을 내세워 자신들이 지배세력임을 공고히 할 수 있어서가 아닌지 추정한다.

10

북극성 신앙에서
태양숭배 사상으로

북극성 신앙을 중심으로 세워진 유라시아의 샤먼제국은 인류의 증가와 과학의 발전으로 중대한 변화가 일어났던 것으로 보인다. 대홍수 이후 파미르 고원 일대에 살던 인류는 물이 빠지고 나서 대부분 저지대로 내려갔으나, 지배계급을 이루었던 세력들은 한동안 북극권에서 생활했던 것 같다. 그 이유는 아마도 늪지대가 많은 지역은 거주하기도 힘들고 사냥감도 적었기 때문이 아니었나 생각한다. 고대 역사서를 보면 동북아시아 지역에는 늪지대가 많이 있었다. 고구려가 당나라와 전쟁을 하던 시기에도 국경지대에서 당나라 군대가 늪에 빠져 허우적거리는 것을 활로 쏘아 죽였다는 기록이 있다. 그러나 현재 중국의 만리장성 일대는 고비사막이 있어 물의 흔적을 찾을 수가 없다.

고대 동북아시아 지역에 늪이 많았던 이유는 시베리아의 빙하가 겨울이 되면 얼었다가 봄이 되면 녹는 현상이 지속되었기 때문이다. 따뜻하지만 범람이 지속되는 남쪽보다는 비록 춥지만 상대적으로 지표면이 안정된 북쪽에서 사는 것이 더 편했기 때문에 지배 세력이 한동안 북극권에서 살았던 것이다. 이를 추측 가능하게 하는 현상은 오늘날의 지구 온난화를 보면 알 수 있다. 지구가 따뜻해지면서 시베리아가 인간이 살기에 적합한 지역이 될 거라는 기대가 있으나 아직은 시기상조이다. 왜냐하면 과거에는 땅이 얼어서 자유롭게 이동할 수 있었던 지역이 동토층이 녹으면서 여름에는 늪지대로 변함에 따라 오히려 살기 불편해졌기 때문이다. 그래서 시베리아 원주민들은 얼음이 녹지 않는 지역이나 산으로 올라가서 지내고 있다. 앞으로 녹은 동토층이 건조해지면 원주민들은 그 지역을 중심으로 마을을 형성할 것이나 그 중간 과도기에는 한동안 추운 지역에서 살 수밖에 없다.

몽골 오브스라는 지역에 가면 기후변화에 의해 사막화가 진행되는 과정을 한눈에 볼 수 있는 지형이 많다. 이 지역은 인구밀도가 매우 낮아서 개발이 되지 않았기 때문에 수만 년 전부터 내려온 자연의 상태를 그대로 보존하고 있다. 만년설이 있는 고산시대에 가면 둥근 자살들이 널린 지형이 많다. 주변에 물이 전혀 흐르지 않는데도 수십 킬로미터에 걸쳐 자갈밭이 존재하는 이유는 과거 이 지역에 거대한 빙하가 있었기 때문이다. 빙하가 얼었다 녹았다를 반복하면서 만들어진 강이 흘렀던 지역이었기 때문에 넓은 자갈밭이 형성된 것이다〈그림 21〉 왼쪽 위).

또한 자갈밭보다 낮은 지대를 가면 광범위한 지역에 습지가 존재하고 있는데(〈그림 21〉 왼쪽 아래) 더 아래로 내려가면 습지의 모양만 갖춘 채 사막화가 되고 있는 지형을 발견할 수 있으며(〈그림 21〉 오른쪽 위) 더 가면 아예 사막이 나타나는 걸 볼 수 있다(〈그림 21〉 오른쪽 아래). 하지만 이 사막지역도 고대에는 물이 흐르던 곳이었다. 따라서 빙하가 대량으

그림 21　몽골 오브스 지역의 사막화 과정

로 녹던 시기에 가장 살기 적합한 지역은 하류가 아니라 오히려 북쪽의 건조한 고지대였다는 사실을 알 수 있다. 거대한 빙하가 사라지고 계절에 따라 주기적으로 산꼭대기에 쌓이는 만년설만 녹아 강이 되어 흐르면서부터 건조한 고산지대에서 내려와 물이 풍부한 저지대로 사람들이 이동하여 집단적으로 살게 된 것이다.

저지대 지역을 지배했던 고대 왕족들의 의상이나 문화가 북방계인 것은 바로 북방에서 내려온 사람들이기 때문이다. 저지대로 가서 살았던 대부분의 사람들은 습한 기후와 습지를 기반으로 살았기 때문에 수상가옥을 짓고 살 수밖에 없었던 것으로 보인다. 비록 인구는 저지대 사람들이 많았으나 기술적인 면에 있어서는 고지대나 북방지역에 거주하던 민족보다 수준이 낮았기 때문에 지배계급은 북방민족들 위주로 형성이 된 것 같다. 이러한 현상은 오늘날도 비슷하다. 전 세계 부와 권력의 대부분은 북반구 지역의 국가들이 장악하고 있고 인구의 대다수가 존재하는 남반구의 국가들은 대부분 개발도상국인 점도 이와 같은 이유라 할 수 있을 것이다.

한국인의 DNA를 조사하면 70%가 동남아시아계인 것으로 나오고 30%만이 북방계인 것으로 나오는데, 역사서를 보면 동남아시아와 관련된 역사기록은 거의 보이지 않고 모든 기록에서 한민족의 기원이 만주, 시베리아, 파미르 고원에 있다고 나온다. 실제로 지배계급이 사용했던 물품들을 보아도 북방계인 사실을 알 수 있다. 즉 인구는 남방계가 다수를 차지했다 하더라도 지배는 소수의 북방계가 했다는 것을 알 수 있다.

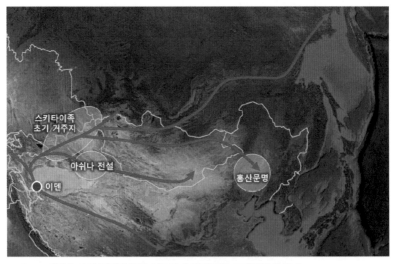

그림 22 산맥을 따라 이동한 인류 이동의 추정 경로와 고대문명 발생지

중앙아시아 지역의 전설을 보면 인류는 대홍수 이후 저지대로 내려
가지 않고 한동안 고산지대에서 계속 산 것으로 나온다. 동아시아에서
가장 오래된 문명으로 알려진 몽골-만주지역에 있는 '홍산문명'도 북
쪽의 건조한 고산지대에 문명을 건설하였는데, 당시에는 그 지역에 물
이 풍부하여 농사를 짓기 적합했기 때문이다. 그래서 오늘날 기준으로
봤을 때 농사를 짓기 편리한 황하강 유역에 문명을 건설하지 않은 것이
다. 후일 황하강 북부지역에 BC 9000년경부터 허베이성 일대에서 남
장두 문화가 탄생한 것도 만주-몽골지역이 점진적으로 건조해지면서
사람들이 농사를 짓는 데 물이 풍부한 황하강 지역으로 이주를 하였기
때문인 것으로 추정된다. 동북아시아에서 가장 오래된 유적지로 손꼽
히는 요하문명에서 가장 가까이 있는 남장두 문화는 황하문명 중에서
가장 오래된 문화이다. 중국정부가 홍산문명을 발견하고 나서 탐원공
정을 시작하게 된 계기는 황하문명의 원류가 오랑캐의 땅이라 여겼던
요하에서 시작된 것을 발견했기 때문이다. 즉 황하문명과 홍산문명은
서로 연결된 문명이라는 점을 알 수 있다.

　　원래 남장두 문화가 발생한 지역은 고대에 늪지대가 많았던 곳이었
다. 늪지대는 인간이 살기에 적합하지 않았기 때문에 근처 고산지대에
살다가 늪지대가 마른 후 그 지역에 내려가 문명을 건설했다는 것을 알
수 있다. 북방에 살던 유목민들은 해빙기가 끝나고 초원이 건조해지면
서 남방으로 대거 이주하기 시작했다. 그러면서 인구의 역전현상이 벌
어졌다. 원래는 북극권에서 순록 유목을 하던 유목민들이 주류였으며
지배층을 형성했으나 초원지역으로 이동한 유목민족들이 점차 순록

유목민족을 압도하게 된 것이다. 남쪽 초원지대로 내려온 초기 스키타이족들은 주식이자 교통수단이었던 순록을 더 이상 쓸 수 없게 되었을 것이다. 왜냐하면 초원지대에는 먹이인 이끼가 없어서 일부 고산지대를 제외하고는 순록이 서식하지 않기 때문이다. 그래서 초원지대의 스키타이족은 순록 대신 양을 주식으로 하고 순록 대신 말을 타는 방식으로 생활양식의 대변환을 이루었다.

그림 23 스키타이족 말머리장식의 변화

원래 북극권에서는 순록을 탔기 때문에 순록 뿔이 권위의 상징이 되었지만, 말의 머리에는 뿔이 없기 때문에 순록 타던 습관을 반영해서 말머리에 순록의 뿔을 장식하는 방식을 활용했다. 그러나 후기에 가면 더 이상 초원의 스키타이족들에게 북극권은 고향도 아니고 교류할 지역도 아니었기에 점차 독자적인 초원 유목문화로 발전하게 된다. 그럼에도 불구하고 순록이 권위를 상징하는 전통은 오랫동안 유지되었다.

시베리아 지역과 한반도의 지배자들은 머리에 순록 뿔의 왕관을 쓰는 전통이 있었다. 이 지역에는 순록이 서식하지 않는데도 불구하고 순

그림 24 사슴관과 비석

록 뿔을 지배자의 상징으로 쓴 것은 고대 시베리아에서 내려온 순록유목민족들의 전통에서 비롯되었다고 할 수 있다. 지배자나 왕은 강력한 힘을 뜻하는 것을 상징으로 쓰기 때문이다. 예를 들어 돌궐제국은 늑대, 유럽의 여러 왕실에서는 사자, 러시아에서는 곰을 상징으로 썼다. 하지만 순록은 그다지 강력한 이미지를 가지고 있지 않아 왕의 상징으로 쓰기에는 적합하지 않았다. 그럼에도 불구하고 썼던 이유가 이들이 시베리아에서 내려왔다는 증거라고 할 수 있다.

초원으로 내려온 스키타이족의 인구가 북극권의 순록 스키타이족보다 많아지자 권력의 이동이 발생한 것 같다. 이들이 황금을 재료로 해서 지배자를 장식하는 문화가 매우 발달했기 때문이다. 고대부터 태양을 상징하는 금속은 금이었고 달을 상징하는 금속은 은이었다. 민족의 이동이 있던 당시에도 북극성 신앙을 가지고 있던 무리와 종교 지도자는 남쪽으로 이동하지 않고 자신들의 기득권을 지키기 위해 북쪽에 머물렀다. 이에 반해 남하한 초원 스키타이족들은 독자적인 문화를 만들면서 태양숭배 사상이 발달한 것으로 보인다. 초원 스키타이인들은 자신들의 지배자를 하늘로부터 내려온 천손으로 인식했으며 태양의 아들이라고 생각했다. 그래서 이들의 종교적 유물들을 보면 태양숭배와 관련 있는 물건들이 많이 출토되고 있다. 이때부터 인류의 주요 신앙은 북극성 신앙에서 태양숭배 신앙으로 이동하게 된 것으로 보인다.

태양숭배를 하는 샤먼과 북극성숭배를 하는 샤먼의 의상에도 차이가 있다. 먼저 북극성 신앙에서는 은하수를 통해 북극성신을 만나러 간다는 사상이 있지만 태양숭배 사상에서는 은하수가 아니라 무지개이다. 그래서 태양숭배 사상에서의 샤먼들은 무지개 색깔의 옷을 입고 머리에는 새의 깃털을 꼽은 의상을 입는다. 그리고 이때부터 종교 지도자도 하얀 머리에 흰 피부가 아닌 금발에 흰 피부를 가진 사람들로 대체된 것으로 보인다. 왜냐하면 금발을 한 여인의 모습이 태양의 모습에 더 가깝기 때문이다.

그림 25 백발 여인과 금발 여인

현재 세계 역사학계는 민족주의적 관점에서 역사를 해석하는 경향이 많다. 하지만 고대 샤먼사회 때는 민족국가가 아니라 다민족국가 제도를 가지고 있었다. 농경문화의 영향이 강한 동아시아지역은 민족주의가 강했기 때문에 한국인, 일본인, 중국인은 자신의 영토에 세워졌던 국가가 모두 동양계 인종으로서 자기 민족들이 건국한 나라라고 생각하고 있다. 그러나 역사적 기록이 아닌 유물 중심으로 보면 그렇지 않다는 것을 쉽게 발견할 수 있다. 앞서 언급했듯이 신라의 왕들은 어머니가 백인인 경우가 상당히 많았다. 그 이유는 신라의 왕도 정치세력과 종교세력 간의 연방 형태를 가지고 있었기 때문이다. 두 세력의 남자와 여자가 혼인하여 낳은 자식을 국가의 통치자로 앉히는 방식은 오늘날 정치에서도 흔히 있는 일이다.

타림분지에서 백인 미라가 많이 발굴된다는 점은 익히 알려진 사실이다. 현재까지의 학설은 이 지역의 백인 유골이 유럽이나 코카서스에서 이주해 왔다는 것이 일반적이었다. 그러나 최근 한국의 유전자 연구팀의 연구에 의해 이들이 외지에서 온 사람들이 아니라 타림분지의 토착민족이었다는 사실이 밝혀졌다. 연구팀은 지금으로부터 4천 년 전인 BC 2000년경 타림분지에 거주한 미라 13개 개체와 5천 년 전 인근 중가리아 분지에 거주한 미라 5개 개체의 유전자를 분석한 결과, 이들이 빙하기 말엽 널리 퍼졌던 플라이스토세 인구의 직계 후손이라는 사실을 확인했다. 현재 북방 침엽수림 지역인 타이가 지대에서 살던 고대 유라시아인(ANE)이라는 뜻이다. 이 지역은 건조하고 추운 지역이지만 과거에는 지금의 세렝게티 같은 초원지대로 매머드, 코뿔소 등이 돌아다니던 곳이었다. 연구팀은 매머드 초원이라 불린 이곳에서 고대 유라시아인은 대형동물을 사냥했다고 추정하고 있다.14)

이처럼 앞서 언급한 대홍수 이후 시베리아 이주 가설은 DNA 연구로도 맞아 떨어진다는 사실을 알 수 있다. 타림분지가 중요한 이유는 이 지역이 투르크족이 말하는 인류의 발원지로 텡그리가 진흙으로 인간을 만들어 이뎬이라는 곳에 최초로 살게 한 지역이기 때문이다. 신라의 기원에 대해 밝힌 『부도지』에서도 파미르 고원을 언급한 것을 보면 신라의 순록왕관이 왜 한반도 남부까지 오게 되었는지를 쉽게 설명할 수 있다. 이들은 초기에 산맥을 따라 북쪽으로 올라갔다가 다시 산맥을 따라 남쪽으로 내려왔기 때문이다. 이는 정확히 타림분지 미라의 이동 경로와 일치하며 신라왕들의 고분에서 백인 혼혈인들이 발굴되는 것도 설명이 된다.

---

14) 이근영, "이제껏 모든 가설이 깨졌다… 4천 년 전 타림미라의 정체는?", 한겨레, 2021년 10월 28일.

인류 문명과 종교의 기원을 찾아서

샤먼 바이블

샤먼 바이블

제2장

천문을 이용한
문명의 탄생

1

별자리를 모방한 도시 건설(한양)

　　고대 유라시아 샤먼제국은 부족연맹체 국가를 이루었다. 이런 형태의 국가를 만든 이유는 자신들이 하늘로부터 내려왔다는 사상에 영향을 받은 것으로 보인다. 유목민족 국가들은 전통적으로 권력을 단일화하지 않고 세력을 셋으로 나누어 통치하였다. 고조선도 마한, 진한, 변한으로 나뉘는 삼분할 제도를 가지고 있었고 흉노, 돌궐, 요나라, 금나라 등 많은 유목민족 국가 역시 강력한 '칸'이라는 지도자가 있는데도 불구하고 전통적으로 삼분할 통치를 했다. 이러한 세계관은 하늘의 별자리를 모방해서 국가를 건설한다는 사상 때문으로 보인다. 북극성은 하나의 별이지만 셋으로 묘사한다. 마고신을 삼신할머니로 묘사하는 것도 이러한 생각에서 연유했다.

　　고구려 때 만든 〈천상열차분야지도(天象列次分野之圖)〉를 보면 북극성이 있는 우주의 중심지역을 자미원, 태미원, 천시원으로 나눴다는 것을 알 수 있다. 현재 고조선의 영역은 중국 땅이 되었고 공산당이 역사를 왜곡하고 은폐하기 때문에 고조선의 수도가 어떤 모습을 하고

그림 26 천상열차분야지도15)와 경복궁

있는지 알 수 없다. 그러나 남주성이 번역한 『흠정만주원류고』를 보면 『신당서(新唐書)』에 발해의 수도였던 상경용천부의 도시 모습이 바둑판 모양의 격자식으로 건설되었고 하늘의 별자리 모양을 본떠서 만들었다고 기록하고 있다. 따라서 고조선 시대 때도 별자리의 모양을 본떠서 도시를 건설했을 가능성이 높다. 현재 서울에 남아 있는 조선 왕조의 궁궐들을 통해 고대부터 하늘의 별자리를 본떠서 도시를 건설했다는 사실을 알 수 있다. 조선 왕조 궁궐들의 배치와 모양을 보면 〈천상열차분야지도〉의 모습을 닮았다는 걸 확인할 수 있다.

조선의 궁궐들은 임진왜란과 한국전쟁을 겪으면서 많이 파괴되었고 복구되지 않은 부분도 많아 최초의 모습을 알 수 없는 곳도 많다. 하

---

15) 국립중앙박물관

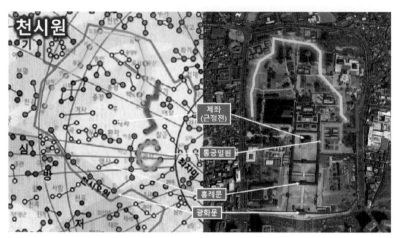

그림 27 천시원과 경복궁

지만 경복궁만큼은 조선 왕조가 멸망하기 직전 대규모로 재건 공사를 한 덕택에 천문도와 궁궐의 모습이 상당히 닮아 있는 것을 비교할 수 있다. 〈그림 27〉을 보면 〈천상열차분야지도〉의 천시원과 경복궁이 닮아 있다는 점을 확인할 수 있다. 경복궁의 서쪽, 북쪽, 동쪽의 성벽을 보면 직선으로 뻗어 있지 않고 구부러진 부분이 많은 것을 볼 수 있는데, 이 지역은 평지이기 때문에 굳이 성벽을 지그재그로 건설할 필요가 없다. 따라서 조선의 왕궁을 건설한 기술자들이 의도적으로 성벽을 별자리 모양에 맞춰서 지었다는 것을 유추할 수 있다. 특히 경복궁에서 가장 중요한 건물인 근정전의 경우 천시원 별자리 중 '제좌'라는 별자리의 위치에 있는데, 동양 천문에서 이 별자리의 의미는 '임금이 백성을 다스리는 곳'이라는 뜻이다. 실제로 근정전은 임금이 나라의 업무를 보던 장소였으니 별자리의 위치와 궁궐의 주요 시설이 서로 맞춰져서 지어졌다는 사실을 알 수 있다.

한민족이 하늘의 모양을 본떠서 도시를 건설하는 관습은 1만 2천 년 전 파미르 고원의 마고대성에서 살던 시절부터 행해졌던 것으로 보인다. 고대 한국인은 지도자가 하늘로부터 내려온다는 천손강림사상을 가지고 있었기 때문에 천손이 다스리는 나라 또한 하늘의 모양을 본떠서 만들어야 한다고 생각했다. 특히 수도의 경우에는 이를 매우 엄격히 지켰다. 그랬기 때문에 조선 왕조의 수도였던 서울(한양)에 도시를 건설할 때도 같은 원리를 적용했던 것이다.

현재 한민족의 주요 거주지가 한반도가 된 것은 북극성 신앙과 깊은 관련이 있다. 한민족은 북극성의 기운 즉 별자리가 이동을 할 때마다 거주지를 옮겼다. 동아시아에 큰 영향을 끼친 인물은 태호복희라는 인물로 현재 태극기의 기본 도안과 한글이 태호복희가 만든 하도낙서(河圖洛書, Hé tú luò shū)와 팔괘(八卦, Bāguà)의 원리에 의해 만들어졌다. 태호복희는 여와의 오빠이며, 대홍수 이후에 인류의 문명을 재건시킨 인물 중 하나로 어쩌면 프리메이슨이 정신적으로 자신들의 기원이라고 여기는 히람 아비프(Hiram Abiff)보다 훨씬 오래 전에 천문학, 건축학 등의 학문적 체계를 잡은 인물일 수 있다. 태호복희 남매는 파미르 고원에서 저지대로 내려온 다음 각자 동과 서로 흩어진 것으로 보인다. 한민족은 남매가 파미르 고원에서 내려왔을 때, 동쪽으로 이동한 태호복희의 후손들이다. 그 후손들은 복희가 들고 있던 '금척(金尺)'을 권력 통치의 상징으로 여겼던 것으로 보인다. 그래서 지도자들은 새로운 국가를 건설할 때마다 자신들의 권력이 하늘로부터 내려왔다는 것을 증명

그림 28 금척이 숨겨졌다는 금척리 고분군

하기 위해 신성한 물건을 신전에 모시고 국가의 상징으로 쓰는 경우가
많았는데, 고대 한민족이 신성시한 물건 중 하나가 바로 금척이었다.

　신라가 최초 건설되던 당시 건국자였던 혁거세거서간(赫居世居西干,
BC 69~AD 4)은 삼기(三奇)라는 물건을 하늘로부터 받았다고 하는데 이
는 금척(金尺), 옥적(玉笛), 화주(火珠)라고 한다. 금척은 금으로 만들어진
자로 죽은 사람도 살려낸다는 물건이었고, 옥적은 대나무로 만든 피리
로 적군을 물리칠 수 있는 능력이 있었다고 한다. 화주는 수정으로 만
든 돋보기 같은 물건으로 불을 만들어 낼 수 있었다고 한다. 기록에 의
하면 신라 진평왕(?~AD 632)이 낮에 업무를 보다가 깜빡 졸았는데, 꿈에
무지개가 나타나더니 하늘로부터 황금자가 내려왔다고 한다. 그 후 잠
에서 깨어보니 진짜로 황금자가 그의 앞에 있었다고 한다. 황금자가 생
긴 후부터 신라가 날로 부강해지자 당나라 황제는 황금자를 빼앗기 위
해 당장 가져오지 않으면 신라를 공격하겠다고 협박을 했다. 이에 진평
왕은 백성들을 동원해 여러 개의 무덤을 만들고 그 속에 황금자를 숨겼
고 이후 병으로 사망하여 진짜 금척을 어디에 숨겨졌는지 아무도 모르

게 되었다고 한다. 당시에 만들어진 고분군은 지금도 경주시 주변에 수십 기가 있다. 금척에 대한 이야기는 이후 나라를 세울 때 또 등장한다. 조선을 건국한 이성계가 아직 고려의 장군이던 시절 전라북도 진안군 진안읍 마이산(馬耳山)에 있는 은수사(銀水寺)에서 자신의 미래에 대해 고민하던 중 산신령이 자신에게 금척과 일월오봉도를 내려 주는 꿈을 꾸었다고 한다.

그런데 특이하게도 이와 똑같은 상징물들을 서양의 프리메이슨이 사용하는 것을 볼 수 있다. 이러한 전통이 있는 이유는 아마도 대홍수 이후 사방으로 흩어져간 기술자 집단들이 자신의 기원에 대해서 잊지 않고 기억하기 때문일 것이다. 그리고 이러한 집단들과 스키타이족은

그림 29 조선의 금척과 일월오봉도, 프리메이슨의 금척과 조지 워싱턴 무덤의 태양 달 기둥

매우 밀집한 관련이 있는 것으로 보인다. 신라와 가야의 지배계급은 동북아시아 지역의 원주민과는 다르게 파미르 고원으로부터 온 백인 혼혈의 스키타이족 출신이었기 때문이다. 조선이 건국된 이후 이성계가 하늘로부터 금척을 받는 꿈을 꾼 후 왕이 된 것을 기념하여 몽금척무(夢金尺舞)라는 춤을 만들었다. 현재도 조선왕실의 전통제례음악인 『악학궤범』에 그 곡과 춤이 전해오고 있다.

조선 말기 고종이 국호를 대한제국으로 바꾸고 나라를 일신하고자 하던 당시에도 금척은 국가의 정통성과 권위를 상징했다. 1900년 칙령 제13호로 훈장의 등급을 정할 때 금척대훈장을 최고 등급의 훈장으로 지정하는 등 한민족과 금척은 떼려야 뗄 수 없는 물건이다. 앞서 설명한 것처럼 서울(한양)이 설계되었던 당시 조선의 지배계급은 천문의 별자리를 지상에 재현하는 방식으로 수도를 건설했다. 도시를 설계할 때 가장 중요한 것은 기준점을 잡는 일인데, 한양의 경우에는 종각을 중심으로 설계했던 것으로 보인다. 〈그림 30〉을 보면 종각을 중심으로 춘분과 추분에는 태양이 동대문(흥인지문)에서 떠서 서대문(돈의문)으로 지는 것을 볼 수 있다. 하지에는 광희문에서 떠서 소의문으로 지며 겨울에는 낙산에서 떠서 인왕산으로 진다. 이 지점을 모두 연결하면 프리메이슨의 상징인 직각자와 컴퍼스의 상징이 만들어진다.

프리메이슨의 상징은 아마도 태양의 이동을 상징적으로 나타낸 것이 아닌가 생각한다. 또한 서양에서 흔히 레이라인(Ley line)이라고 불리는 특정 건물들이 일직선 정렬로 배열되어 있는 현상은 한국에도 동일하게 있다. 예를 들어 한양의 중심 지역인 종각에서 태조 이성계의 제

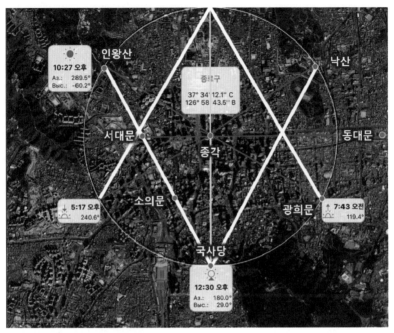

그림 30 한양에 숨겨진 태양의 결계

사를 지냈던 태원전까지 선을 그으면 근정전, 경회루를 지나간다. 그러
나 안타깝게도 일제강점기 때 일본이 한민족을 영원히 자신들의 신민
으로 만들기 위해서 조선 왕조 때 건설된 이러한 결계들을 거의 다 파
괴하여 원형을 찾기 어렵게 해 놓았다. 뿐만 아니라 북극성의 위치에
해당하는 창경궁과 창덕궁에 동물원을 만들어서 가장 신성한 지역을
동물과 일반인들이 출입하도록 하여 조선 왕조를 욕보이게 했다. 원래
가장 신성한 지역은 보통 금단의 지역으로 만드는 것이 일반적이다. 만
주족이 건설한 청나라도 북경에 수도를 건설하고 궁전을 지었을 때 자

금성 안에는 일반인이 드나들 수 없도록 철저히 통제했다. 그러나 이러한 전통은 일본이 조선을 식민화 하면서 무너졌다.

그 후 일본은 프리메이슨의 직각자와 컴퍼스 상징 사이에 있는 'G'자에 해당하는 경복궁의 앞에 조선총독부를 세워 조선의 통치권력이 조선 왕조가 아닌 일본제국을 통해서 나온다는 것을 표현했다. 태양이 가장 높이 떴을 때의 위치에 해당하는 남산 국사당은 태양이 지는 쪽 방향인 인왕산으로 옮겼으며 그 자리에는 조선신사를 지어 일본의 영원한 지배를 염원했다. 해방 이후에 조선신사는 없어졌으나 원래의 국사당은 복원되지 않았고 일제강점기 때 만들어진 식민사학의 영향과 기독교의 영향으로 인해 한민족의 정기를 복구하기 위한 작업은 이루어지지 않았다. 현재 파괴되지 않고 남아 있는 지역은 동대문과 종각뿐이다.

그러나 언젠가는 미국의 워싱턴 D.C.처럼 서울 시내의 건물 높이를 제한하고 파괴된 건물을 복원하여 사라져가는 한민족의 전통사상과 건축법을 복구시켜야 할 것이다. 일본은 고대로부터 내려온 건축술과 사상을 보존하기 위해서 20년에 한 번씩 건물을 다시 짓는 전통을 지키고 있다. 우리도 이와 비슷한 제도를 시행해서 파미르 고원으로부터 내려올 때 전승한 각종 비전과 비기를 계승하여야 할 것이다.

2

별자리를 모방한 도시 건설(아스타나)
유대인-엘람-드라비다-스키타이
-한국의 연결고리

중국 동투르키스탄(신장) 서쪽에는 중앙아시아에서 가장 큰 나라인 카자흐스탄이 있는데, 이 나라의 기원은 고조선과 깊은 관련이 있다. 자세한 내용은 앞서 출간된 『단군의 나라, 카자흐스탄』을 참조하기 바란다. 카자흐스탄의 수도인 아스타나의 도시 계획은 일본의 유명한 건축가 쿠로가와 키쇼(黑川紀章)와 노먼 포스터(Norman Foster) 등 여러 유명 건축가에 의해서 만들어졌는데 도시의 모양을 살펴보면 한국에서 볼 수 있는 '천지인 사상'이 반영되어 있음을 볼 수 있다. 아스타나는 현재도 건설이 진행 중인 도시로 아직 완성되지는 않았다. 현재까지 모습만 봐도 상당히 천문학적인 사상이 반영되어 있다는 것을 알 수 있다.

아스타나를 구성하는 중심축이 있는데 이 축은 동서로 일직선 정렬을 하고 있다. 이는 태양숭배 사상과 깊은 관련이 있는 것으로 보인다. 한국의 사찰 중에도 남향이 아니라 동향으로 지은 건물들이 있는데 그 것은 원래 그 절이 석가모니 부처를 모신 곳이 아니라 그 이전 태양숭

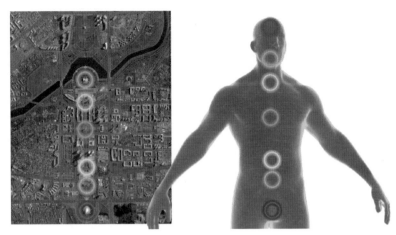

그림 31 아스타나의 주요건물과 인체의 비교

배를 하던 당시의 신을 모셨던 곳이기 때문에 그렇다.

아스타나에는 7개의 주요 건물이 있는데 위로부터 평화의 피라미드 (Palace of Peace and Reconciliation), 대통령궁(Ak Orda), 삼룩 카지나 (Samruk Kazyna), 바이테렉(Baiterek), 유라시아은행-카즈콤(Eurasia Bank- Kazkom), 카즈무나이가스(Kazmunaygas), 한 샤투르(Khan Shatyr) 로 이루어져 있다. 7개의 도시는 인체에 있다는 7개의 차크라에 비유 해 만들어진 것으로 보이는데 머리쪽에 있는 피라미드는 3년에 한 번 씩 세계종교회의가 열리는 곳이다. 이 건물이 대통령궁보다 위에 있는 이유는 아마도 인체로 따지면 백회혈(百會穴)의 자리를 상징하기 때문 인 것으로 보인다. '백회'라는 혈자리는 고대부터 인간의 영혼이 들어 오는 입구라고 생각했던 곳이다. 이곳을 경계로 영혼이 인체에 있는가 아니면 바깥에 있는가에 따라 생과 사가 결정된다고 보았다. 인간의 삶과 죽음을 다루는 것은 종교의 영역이기 때문에 평화의 피라미드가 백회혈의 자리에 들어선 것 같다.

대통령궁의 위치는 인체에 비유하면 턱에 해당하는 지역으로 태양계 행성 중 목성의 자리이다. 목성은 영어로 주피터(Jupiter)이자 고대 로마제국 최고신의 이름이다. 따라서 주피터의 자리에 대통령궁이 있다는 것은 건축가가 그 의미를 알고 건설했다고 볼 수 있다. 삼룩 카지나는 카자흐스탄 주요 기업의 주식과 경영권을 가지고 있는 종합금융기업으로 연금술적으로 '철'을 상징하는 지역이다. 고대로부터 '철'은 화폐로도 사용되어 왔으니 금융센터가 생기기 적합한 지역임을 알 수 있다.

바이테렉은 7개 주요 건물의 중앙으로, 태양을 상징하는 위치에 놓여 있다. 이는 인체의 심장을 상징하는 것이며 황도 12궁의 사자자리 중 '사자의 심장'이라 불리는 레굴루스(Regulus)를 상징한다.

표 7 아스타나 주요건물과 별들의 비교

관공서	기능	황도12궁	태양계	연금술	인체
평화의 피라미드	종교	양자리	토성	납	백회
아크 오르다	대통령 궁	황소자리	목성	주석	턱
삼룩 카지나	금융	게자리	화성	철	어깨
바이테렉	중심부	사자자리	태양	황금	가슴
유라시아 은행	금융	처녀자리	금성	구리	단전(상)
카즈무나이가스	석유	천칭자리	수성	수은	단전(하)
한 샤투르	쇼핑센터	전갈자리	달	은	사타구니

앞으로는 물고기자리(Pisces) 시대가 끝나고 물병자리(Aquarius) 시대가 시작되기 때문에 미래에는 물병자리가 중요한 별자리가 될 것이며 종교적 상징으로 쓰일 것이다. 그런데 보통 새천년이 되면 그것을 상징하는 별자리를 묘사할 때 그 반대편 별자리도 함께 언급한다. 예를 들어 AD 1년부터 현재까지 물고기자리 시대는 물고기만 강조하는 것이 아니라 그 반대편 별자리인 처녀자리까지 함께 중요시한다는 뜻이다. 그래서 물고기자리 시대의 태양신 숭배 종교들은 모두 '처녀 수태'라는 전설을 가지고 있다. 마찬가지로 물병자리 시대가 되면 반대편 별자리인 사자자리도 함께 중요한 별자리로 인식될 것이다. 따라서 사자자리 심장의 별인 레굴루스를 상징하는 바이테렉은 아스타나가 물병자리 시대에 건설된 새천년의 수도라는 의미를 가지고 있음을 알 수 있다.

바이테렉의 밑에는 유라시아은행-카즈콤, 카즈무나이가스가 원형의 모양으로 건설되어 있는데 인체에 비유하면 단전에 해당하는 위치이다. 단전은 상단전과 하단전으로 나뉘는데 이를 기호로 표현할 때, 태극문양으로 묘사한다. 유라시아은행-카즈콤과 카즈무나이가스가 원형으로 건설된 것은 이를 상징한다고 볼 수 있다. 끝으로 한 샤투르는 황도 12궁 중에 전갈자리를 상징하는 건물이라서 그런지 높은 피뢰침을 달아 전갈을 연상하게 만들었다. 인체 중에는 남성의 성기를 상징하기도 한다.

이렇게 천체를 본떠서 만든 것이 천지인사상과 어떤 관련성이 있을지 의아해 할 수 있는데, 고대 스키타이족 사회에서는 지도자를 하늘에서 내려준다고 믿었다. 그래서 지도자는 북극성의 기운을 받아 태양과 달의 결합에 의해 탄생한다고 믿었다. 지상에서 인간의 몸을 빌려 태어난 지도자는 하늘 즉 천국과 같은 이상적인 나라를 건설하는 것이 사명이라고 생각했다. 그래서 그들은 지상의 도시를 별자리 모양에 맞춰 건설했으며 지도자는 불교나 요가의 수행과 같은 과정을 통해 성인(聖人)이 되어 공정함을 가져야 한다는 사상이 있었다. 그리스 철학자 플라톤이 말했던 일종의 '철인정치' 사상이다. 즉 하늘과 땅과 사람이 같은 원리로 움직일 때 가장 이상적이라는 생각이다. 이를 한국에서는 천지인 사상 혹은 재세이화(在世理化)라고 부르며 프리메이슨은 "As above so below"라고 말하는 것이다.

그림 32 카모세 파라오의 아내 아흐호텝16)

흥미로운 건 아스타나에는 이집트에나 있을 법한 피라미드가 있다는 점이다. 수천 킬로미터나 떨어진 두 장소에 피라미드가 있는 것은 아마도 힉소스인과 관련이 있는 것으로 보인다. 힉소스인은 BC 1663년 이집트의 북동쪽으로부터 침입하여 제15왕조, 제16왕조를 건설하고 108년간 통치했던 아시아 계통의 기마민족이다. 이들은 활과 말이 끄는 전차를 가지고 이집트를 압도했다. 〈그림 32〉는 힉소스인 아흐호텝(Ahhotep)의 미라 관 뚜껑에 새겨진 얼굴상이다. 그는 힉소스인으로부터 독립하기 위해 싸웠던 카모세(Kamose) 파라오의 아내였는데 중동이나 유럽인, 아프리카인의 외모가 아니라 전형적인 아시아인의 얼굴을 하고 있다. 따라서 힉소스인과 투르크인 사이에는 어떤 연관이 있을 것으로 보인다.

현재 힉소스인이 정확히 어느 민족에 속하는지 알 수는 없으나 여러 설이 있다. 그중 유대인 역사학자였던 요세푸스(Josephus)는 힉소스인과 유대인을 동일하게 인식했다. 그는 유대인이 이집트에서 피라미드 건축의 노예로 살았다는 성경 내용 외에 나와 있지 않은 부분에 대해서 기록했는데, 힉소스인과 유대인의 유사점에 대해서 언급하며 두 민족을 같은 민족이라 인식했다.[17] 고대 그리스 역사가 식스투스 율리우스 아프리카누스(Sextus Julius Africanus)와 유세비우스(Eusebius)는 힉소스인이 페니키아에서 온 민족이라고 생각했다.[18] 세 학자의 의견에는 공통점이 있는데 이들 모두 가나안 지방에서 왔다는 점이다. 그리고 유대인이 되었건 페니키아인이 되었건 두 민족은 가나안 지방에 살기 이전에는 메소포타미아에 살았다는 점이다.

---

16) https://www.facebook.com/EgyptianPast/photos/outer-coffin-of-queen-ahhotep-isecond-intermediate-period-of-egypt-new-kingdom-l/1143657099144704/
17) Assmann, 『the mind of Egypt: history and meaning in the time of the Pharaohs』, Havard University Press, 2003, p.198.
18) Mourad & Anna-Latifa, 『Rise of the Hyksos: Egypt and the Levant from the Middle Kingdom to the early second Intermediate Period』, Oxford Archaeopress, 2015, p. 9.

메소포타미아에서 번영했던 수메르 도시국가들은 기후변화와 토지의 사막화로 인해서 문명이 쇠퇴하였는데 이때 많은 수메르인이 가나안 땅으로 이동했다. 구약에 나오는 아브라함도 이때 가나안 땅으로 이사를 갔다. 이후 유대인은 이집트로 들어갔는데 이러한 이동 경로가 힉소스인의 이동과 매우 닮아 있다. 페니키아인도 수메르에서 갈라져 나왔기 때문에 유대인과 어느 정도 혈연관계를 가지고 있는 것으로 추측된다. 주류학계에서는 인정을 받지 못했지만 바크라프 브라제크(Vaclav Blazek)와 게오르기 스타로스틴(Georgiy Starostin)과 같은 언어학자들은 엘라모-드라비다설을 주장하며 아프리카-아시아 언어와의 연관성에 대해서 주장했다. 이들뿐 아니라 데이비드 매컬핀(David W. McAlpin)이라는 언어학자도 이 학설을 지지했다. 데이비드에 의하면 드라비다어는 이란 남서부에서 인도로 이민을 가면서 유입되었다고 보고 있다. 그 근거로 드라비다어와 엘람어의 어휘 20%가 같고 어원의 12%도 같을 가능성을 제안했다.[19] 드라비다족이 이란에서 왔는지 아니면 인도에서 이란으로 갔는지 의견 차이는 있지만, 두 문명의 유사성은 고대 파미르 문명의 전설이 실제 역사였다는 것을 증명할 수 있는 좋은 근거가 된다.

---

19) David W. MacAlpin, 「Proto Elamo-Dravidian: The Evidence and its Implication Vol.71 Part3」, The American Philosophical Society, 1981, p. 44.

그림 33 마고문명의 위치와 실크로드

　한민족의 고대사를 기록한 『부도지』나 『한단고기』에도 민족의 시원을 마고문명이 건설되었던 파미르 고원으로 보고 있는데, 초기 인더스 문명의 발상지를 보면 인더스강의 하류가 아니라 상류 고산지역 파미르 고원 근처라는 것을 알 수 있다. 더구나 힌두교 경전인 『라마야나』에 의하면 인더스 문명보다 더 오래된 문명이 카슈미르 지역에 있었던 것으로 보인다. 라마야나에 의하면 아요디아(Ayodhya)라는 도시는 현재의 위치가 아니라 더 북쪽인 아프가니스탄에 있었던 것으로 추정된다. 인도학자 판드(S. N. Pande)가 인도의 고고학지 ≪모틸랄 바나르시다스 뉴스레터(Motilal Banarsidass Newsletter)≫에 기고한 기사에 의하면 현재의 아요디아는 BC 800년경에 건설된 도시다. 그리고 라마야나에 기록된 고대 야요디아는 카시(Kashi) 부족이 건설한 도시로 라마 왕자의 아들 쿠샤(Kusha)의 이름을 따서 쿠샤크(Kushak)라는 이름으로 재건되었다고 한다. 이처럼 각 신화들이 대홍수 이후 파미르 고원에서 최초로 문명이 발상하였다는 것을 가리키고 있다.

엘람 문명이 발생하기 이전에 존재했던 만나이 왕국(Kingdom of Mannai)이나 자볼(Zabol)에 있었던 샤르이 소흐타(Shahr-iSokhta)도 모두 고산지역에 존재하던 문명이라는 공통점을 찾을 수 있다. 최근에는 한국어와 드라비다어의 유사성이 제기되었는데 그 이유는 어순이 한국어와 같고, 의미가 같은 단어의 발음에서 서로 비슷한 부분이 많기 때문이다. 그러나 기존 학계의 거센 저항으로 정식 학설로 인정받지는 못했다. 희한하게도 엘라모-드라비다설은 모두 기존의 학계들에 의해서 인정을 받지 못했지만 이들에게는 '교착어'라는 공통점이 있다.

스키타이족의 언어에 대해서는 터키와 이란 간에 치열한 논쟁이 있으나 국제학계에서는 인도-유럽어족에 포함시키고 있다. 카자흐스탄 알마티(Almaty) 근처에는 약 60여 기의 스키타이족 왕의 무덤들이 있는데 그곳에서 스키타이족의 언어에 대해 알 수 있는 매우 중요한 물건이 발견되었다. 현지 박물관에 의하면 〈그림 34〉의 유물에 쓰인 문자는 투르크 탐가 문자인데 왼쪽에서 오른쪽으로 읽을 때와 오른쪽에서 왼쪽으로 읽을 때 모두 해석이 가능하다고 한다. 이렇게 양쪽으로 해석이 가능한 언어는 엘람어와 투르크어이다.

그러나 필자의 관점에서는 이러한 언어 분류가 다소 정치적인 이해관계에 의해 정해진 것이 아닌가 생각한다. 이 유물을 근거로 스키타이족의 언어가 알타이계 언어인지 인도-유럽계 언어인지 터키와 이란의 학자들이 갑론을박하고 있는데, 내용적으로 따져 보면 알타이계 언어가 맞는 것처럼 보인다. 왜냐하면 고대 민족의 기원을 분석하는 데 있어

그림 34 카자흐스탄 아식 코르간에서 발굴된 유물

서는 단어가 아니라 문법을 중점적으로 보아야 더 정확하기 때문이다. 예를 들어 중세 한국어에는 한자 단어가 많이 포함되어 있다. 그렇다면 한국어를 중국어의 방언이라고 할 수 있는가? 또한 현대 한국어에는 영어가 많이 포함되어 있는데, 후일 사학자들이 한국어에 섞인 영어 단어를 보고 한국어를 인도-유럽어족으로 분류한다면 분명 오류일 것이다.

500년 이상 지중해를 장악했던 오스만 제국을 봐도 그들의 언어는 알타이계 언어에 속했지만 상당히 많은 단어가 페르시아어, 아랍어에서 유래했다. 그렇다면 터키어를 셈족계열 혹은 인도-유럽어라고 할 수 있느냐는 말이다. 당연히 아니라는 것을 오늘날의 우리는 알고 있다. 안타깝게도 고대 문명을 건설했던 수메르, 인더스, 황하 등 많은 문명 건설자의 언어를 서양적 시각으로 보다 보니 고립어라고 인식하여 각 문명이 독자적으로 발달한 것이라 추정하는 것 같다. 하지만 원래 고산지대에서 내려온 기술자 집단들이 사방으로 흩어져 현지인들과 함께 문명을 건설했기 때문에 현지의 단어가 교착어 속에 포함된 것이라고 보는 편이 더 정확하지 않을까 생각한다.

표 8 수메르, 엘람, 드라비다, 알타이계, 한국, 일본어의 문법구조

	수메르어	엘람어	드리비다어	알타이계어	한국(일본)어
언어유형	교착어	교착어	교착어	교착어	교착어
언어정렬	주어+목적어+동사				

이 이론에 근거하여 페니키아인, 힉소스인의 이동 경로를 맞춰 보면 거의 일치하기 때문에 힉소스와 스키타이족도 혈연관계가 있었을 가능성이 있다. 원래 페니키아족은 페르시아만 일대에 살다가 메소포타미아 지역으로 이주한 다음 가나안 땅으로 갔고 다시 지중해로 진출했다. 유대인의 이동 경로도 이와 유사하여 힉소스, 페니키아, 유대인은 혈연적으로 가까웠을 가능성이 있다. 이렇게 되면 핵심은 드라비다족이 있었던 인더스 문명과 파미르 문명의 관계가 될 것이다. 앞서 언급했듯이 한국의 고대 기록에 의하면 대홍수 이후에 살아남은 인류가 살았을 것으로 추정되는 지역이 바로 파미르-티베트 고원지대이다. 따라서 천지창조 신화와 진흙으로 인간을 만든 이야기, 노아의 홍수신화가 있는 중앙아시아 지역 고산지대가 홍수 이후 인류의 초기 정착지였을 가능성이 매우 높다. 힌두교에서도 아프가니스탄과 파키스탄, 중국 국경지역인 카슈미르 지역에 하늘로부터 내려온 아바타들이 고대 문명

그림 35 키쉬, 쿠쉬 지명의 분포

을 건설했다는 전설이 있어 그 가능성을 더해준다.

　이 지역에 살았던 자들을 연결하는 또 하나의 연결고리는 '키쉬 (Kish)' 혹은 '쿠쉬(Kush)'라는 명칭을 사용했던 부족들의 이동이다. 힌 두교 경전 『라마야나』에 나오는 라마왕자는 아프가니스탄 고산지대 에 있었던 고대 아요디아 도시의 카시족 출신이었다고 한다. 믿기 어려 운 기록이지만, 카시족은 수천 년 전에 하늘을 자유롭게 날 수 있는 비 마나라는 비행체를 가지고 있었다고 한다. 진위 여부는 알 수 없지만 경전에 나오는 내용을 보면 현대전을 연상하게 하는 기록들이 많은 것 으로 보아 당시 이 고산지대에 고도로 발달된 문명이 있었던 것은 사실 로 추정된다. 그리고 이 부족들은 홍수 이후에 저지대로 내려가서 각지 로 흩어진 것으로 보이는데 이때 또 다른 특징은 많은 지명이 고산지대 에 있다는 것이다. 따라서 이들은 인구 증가에 맞춰 산맥을 따라 이동했다는 텡그리 신화의 내용을 입증시켜 주고 있다. 이들은 동쪽 끝으로 는 한반도, 서쪽 끝으로는 영국, 남쪽 끝으로는 수단 지역까지 뻗쳐 나 갔던 것으로 보인다.

이러한 특징은 지명 외에 인명으로도 존재한다. 바벨탑을 건설한 니 므롯(Nimrod)의 아버지의 이름도 쿠쉬이기 때문에 유대인의 이동 경로 또한 파미르에서 이란고원을 거쳐 메소포타미아, 가나안 지역으로 이 동했을 가능성이 있다. 헝가리의 건국신화에 보면 후노르와 마고르가 나오는데 헝가리인은 이들을 자신들의 조상으로 여기고 있다. 헝가리 연대기에 의하면 후노르와 마고르는 신화적 거인인 멘로트의 아들이 다. 멘로트는 성경의 니므롯과 동일 인물로 인식했다.[20] 그런데 또 다 른 기록에 의하면 멘로트를 스키타이의 왕으로 기록하고 있어 헝가리 인-유대인-스키타이족이 하나의 고리로 연결되어 있다. 흥미로운 건 헝가리의 후노르-마고르 전설에 흰 사슴 토템이 나온다는 것이다. 흰 사슴 토템은 고대 시베리아에서 북극성 신앙을 가지고 있던 스키타이 족의 전통이라는 점을 볼 때 엘람어-드라비다어-한국어 이론이 결코 틀린 이론은 아니라는 사실을 알 수 있다.

이외에 『한단고기』에 의하면 중앙아시아에 구다천국(句茶天國, Jù chá tiānguó)이 있었다고 하며 중세시대에는 이 지역에 킵차크한국 (Kipchak Khanate)이 있었다. 카시족을 스키타이계로 보는 이유는 한국

---

20) Korde & Zoltan, 『Hunor es Magyar; Menroth, Akademiai Kiado』, Eneth, 1994, pp. 187~275.

그림 36 아스타나의 평화의 피라미드

에 건설된 신라, 가야가 스키타이계 민족이 세운 국가이기 때문이며, 고대 알타이계 기마민족 국가들이 대부분 스키타이계였기 때문이다. 헝가리인 역시 스키타이족과 무관하지 않기 때문에 그러하다. 그렇다면 이집트에 들어간 힉소스인은 중앙아시아의 스키타이계 기마민족의 일파로 수메르를 거쳐 이집트로 들어갔을 가능성이 있다. 그래서 카자흐스탄의 수도 아스타나에 피라미드가 있는 것이 아닐까 생각한다.

앞서 보았듯이 스키타이족과 수메르인, 이집트를 정복했던 힉소스인은 유라시아에서 온 기마민족 집단에서 기원했다. 세계의 비밀 역사를 보존하고 있는 프리메이슨은 자신들의 기원을 이집트 피라미드를 건설한 히람 아비프라고 여긴다. 그렇다면 카자흐스탄의 피라미드는 이집트의 피라미드와 어떤 상관관계를 가지고 있을까?

프리메이슨이 도시나 건축물을 건설할 때 자주 쓰는 방식으로 '레이

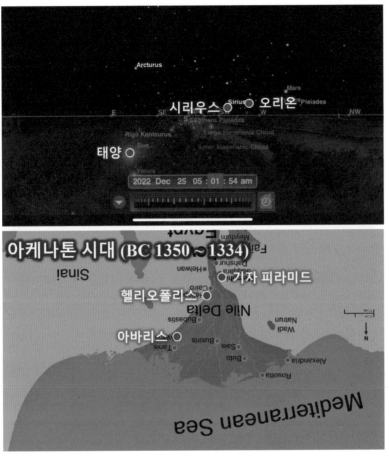

그림 37　12월 25일 천문현상과 이집트 고대 건축물 비교

라인'이라는 것이 있다. 특정 건물을 일직선으로 정렬시켜서 건물이 서로 관련이 있다는 것을 보여주는 방식인데, 이집트의 피라미드와 카자흐스탄의 피라미드도 주변 건물과 일직선 정렬을 하고 있다. 먼저 이집트에 있는 레이 라인을 보면 기자 피라미드와 헬리오폴리스, 아바리스가 일직선 정렬을 하고 있다. 이 건물들이 일직선 정렬을 하고 있는 모

양은 12월 25일 하늘의 모습을 상징화한 것으로 보인다. 북극권에서는 12월 21일 동지 무렵부터 태양이 뜨지 않는 흑야현상이 벌어지다가 12월 25일에서 27일경 태양이 다시 뜨는 현상이 일어난다. 고대에는 이를 텡그리의 부활이라 하여 마을의 원로들이 새 태양이 떠오르면 먹을 것을 실은 채 순록을 타고 부족민들을 방문하여 축복을 내리는 풍습이 있었다. 이것이 크리스마스의 유래이다. 하늘에서 벌어지는 천문현상은 지상의 인간세계에도 동일하게 나타난다는 사상을 가지고 있었기 때문에 이들은 12월 25일이 되면 하늘에 새 태양이 뜸과 동시에 지상으로 천손이 강림하여 인간세상을 다스린다고 생각했다. 그래서 12월 25일 태양이 떠오를 때의 천체 모습은 이들에게 매우 중요했다.

　북극권이 아닌 이집트에서도 12월 25일은 태양이 탄생하는 성스러운 날이었다. 북극권에서만 보이는 특이한 천문현상을 이집트에서도 동일하게 기념한 이유는 이집트를 건국한 지배계급이 북방에서 왔기 때문일 것으로 추측한다. 신라 또한 동짓날을 까치설날이라 하여 의미 있는 날로 여겼는데 수도였던 경주 또한 12월 25일 태양이 부활하는 천문현상을 관찰할 수 없는 지역이다. 이미 발굴된 유적에서 알 수 있듯이 신라의 지배계급은 북방에서 내려온 기마민족이었기 때문에 신라가 동짓날을 축하하는 이유를 알 수 있다. 다신교 신앙을 가지고 있던 이집트에 유일신 사상을 처음 도입한 사람은 아케나톤(Akhenaton)이었다. 아케나톤 파라오는 이집트인이 아닌 힉소스인으로 이집트에서 종교개혁을 하려던 인물이었다. 그래서 힉소스인의 종교에 영향을 받아 태양을 유일신으로 삼는 종교를 만들려다 기존 제사장들의 반대에

부딪쳐 대립하다 죽게 되었다. 아케나톤의 통치 시기는 BC 1350
~1334년으로 태양이 3월 24일 양자리와 함께 뜨던 양자리 시대였다.
따라서 신의 이미지도 양의 모습을 하고 있었다. 아케나톤은 양자리 시
대가 지나면 물고기자리의 시대가 도래하니 태양이 황도 12궁을 따라

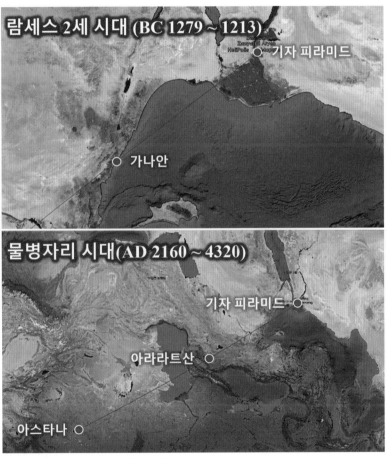

그림 38 시대의 변화에 따른 성지의 이동

이동하는 원리를 이용하여 제사장 계급의 견제를 막고 정치 개혁을 이루고자 종교를 바꾸려다 실패한 것이다. 비록 실패했으나 당시 아바리스(Avaris)는 종교적 도시로서 양자리 시대를 상징하는 태양의 신전 역할을 했다.

아케나톤에 의한 유일신 신앙은 후일 모세에 의해서 부활하게 되는데 그 장소는 이집트가 아닌 가나안이었다. 그렇다면 왜 가나안이 약속의 땅이 되었을까? 그 이유는 양자리 시대가 지나고 물고기자리 시대가 도래하여 태양이 다음번 별자리로 이동하듯이 성지의 위치도 이동을 해야 하기 때문이 아닌가 추측한다. 실제로 모세가 출애굽을 한 다음에 최종적으로 정착하고 메시아를 기다린 땅이 바로 가나안 지방이었다. 이 지역은 기자 피라미드(오리온)-헬리오폴리스(시리우스)-아바리스(양자리 태양신전)와 일직선 정렬의 위치에 있다. 그리고 공교롭게도 예수가 이 지역에서 태어나 현재까지 물고기자리 시대의 메시아로서 한 주기 동안 세계 종교에 많은 영향을 끼쳤다.

이제 2천 년이 흘렀으니 앞으로 태양은 3월 24일 춘분이 되면 동쪽 하늘에서 물병자리와 함께 뜨게 될 것이다. 이렇게 되면 성지는 예루살렘에서 다른 지역으로 이동을 해야 한다. 아마도 아스타나는 그러한 종교관이 반영되어 건설된 도시가 아닌가 생각한다. 아스타나(물병자리 태양도시)는 헬리오폴리스(시리우스)-기자피라미드(오리온)와 일직선 정렬을 하고 있기 때문이다. 따라서 아스타나 도시는 내부적으로도 우주를 묘사하여 건설되었지만 위치 선정 자체가 새천년의 종교적 중심도시를 건설하겠다는 프리메이슨의 의지가 반영된 도시인 것 같다.

3

별자리를 모방한
도시 건설(12환국)

　『삼성기(三聖紀)』에 의하면 고조선(古朝鮮, BC 2333~BC 238)이 건국되기 이전에 신시배달국(神市倍達國, BC 3898~BC 2381)이 있었다고 하며, 그보다 더 이전인 지금으로부터 9천 년 전에는 12환국이 있었다고 전하고 있다. 9개 부족이 천산 주변에 환국이라는 나라를 건설했다 하는데 그 나라의 이름이 비리국(卑離國), 양운국(養雲國), 구막한국(寇莫汗國), 구다천국(句茶川國), 일군국(一群國), 우루국(虞婁國), 객현한국(客賢汗國), 구모액국(句牟額國), 매구여국(賣句餘國), 사납아국(斯納阿國), 선비국(鮮裨國), 수밀이국(須密爾國) 12개의 국가였다 하며 7대에 걸쳐 3301년 혹은 63182년을 다스렸다는 기록이 있다.

　이 내용에 따르면 12환국은 1만 2천 년 전 파미르 고원을 떠나 산맥을 따라 동서남북으로 흩어지면서 9개의 민족이 12개의 연방국가를 건설했다는 의미이다. 그런데 고대 유럽의 역사를 보면 12개의 국가를 건설했다는 내용이 아주 많이 나온다. 동아시아, 아일랜드, 아이슬란드, 마다카스카르 외 전 세계에서 12개 부족 혹은 12개 지역으로 나뉘어 나라를 다스렸다는 전승이 존재한다. 이들은 중앙의 거대하고 신성한 산 위에 신전을 짓고 우주의 중심이라 여겼으며 그 주위로 황도 12국을 상징하는 12개의 나라를 건설하여 매년 중앙의 성소로 가서 제천행사를 거행했다고 한다.21) 그리스에는 제우스를 포함한 올림포스산의 12신 전설이 존재하며, 로마제국에도 12신이 존재했다. 인도에도 12개의 태양신이 있고 배화교에도 동일하게 12신이 있다. 이들의 공통점은 "As above so below"로 "하늘과 같이 지상에도"라는 원칙에 따라 황도 12궁을 모방하여 지상에 12개의 나라, 12신의 신전 등을 그 민족의 전통과 문화에 맞춰 건설하였다는 점이다.22)

고대부터 한민족이 국가를 건설할 때 주장한 건국이념은 홍익인간혹은 재세이화인데, 이 말을 가장 가깝게 번역할 수 있는 영어식 표현은 "As above so below"이다. 인간세상의 모든 법칙을 우주의 법칙과 같게 만든다는 것이 고대 한민족의 건국이념이었다. 이러한 사상은 오늘날에도 계승되었다. 대한민국 교육기본법 제2조에는 "교육은 홍익인간의 이념 아래 모든 국민으로 하여금 인격을 도야(陶冶) 하고 자주적 생활능력과 민주시민으로서 필요한 자질을 갖추게 함으로써 인간다운 삶을 영위하게 하고 민주국가의 발전과 인류공영(人類共榮)의 이상을 실현하는 데에 이바지하게 함을 목적으로 한다."라고 규정되어 있다.

---

21) John Michell & Christine Rhone, 『Twelve tribe Nations: Sacred Number and the Golden Age』, Inner Traditions, 1991, pp. 8~9.
22) 위의 책, p.10.

12환국에 나오는 명칭들을 보면 역사상 존재했거나 지금도 존재하는 유목민족의 명칭들이 보이는 것으로 보아, 12환국은 한국인이 생각하는 것처럼 한국인만의 단일민족국가는 아니었던 것이 확실하다. 그리고 앞서 언급했듯이 신석기-청동기 시대 고인돌이나 왕의 무덤에서 발굴된 유골들을 보면 완전 백인이거나 혼혈인들이 많이 나오는 것으로 볼 때 연방국가였다고 보는 편이 훨씬 타당해 보인다. 고조선과 부여에는 오가(五加)라는 제도가 있었고 고구려에는 오부(五部)라는 제도가 있었다. 5개의 행정구역 분할과 12개 연방국의 상관관계를 이해하려면 먼저 고대인의 건국이념인 재세이화(As above so below)에 입각해서 어떻게 천문 별자리를 행정구역 분할에 적용했는지를 살펴봐야 한다.

전통적으로 유라시아의 모든 유목국가는 국가를 삼분할하여 다스리는 제도가 있었다. 지배자들이 우주의 중심인 북극성에서 내려왔다고 믿었기 때문이다. 이들은 우주 중심의 별자리를 셋으로 나누는 전통을 국가 통치제도에 적용하여 왕, 왕비, 제사장으로 삼권분립을 했고 이를 통해 서로 세력을 견제하면서 폭넓은 자치권을 인정해 줬다. 왕은 전체 연방국의 일종의 의장 역할을 맡아서 통치했기 때문에 농경지역의 중앙집권적 황제보다는 정치권력이 강력하지 않았다. 이들이 연방제를 했던 이유는 영토가 광활한 이유도 있지만, 고대 북방민족의 경제 수단이 유목과 농업을 절반씩 하는 반농반목 사회였기 때문에 12개의 연방국에 사는 국민들은 끊임없이 이동하며 생활해야 했다. 광활한 유라시아 대륙에는 농사나 유목을 하기 좋은 땅도 있지만, 산이나 사막 같은 험난한 지역도 있었기 때문에 이들이 한 지역에 고착해서 살게 되면 살기 어려운 지역에 사는 사람들이 살기 좋은 땅을 차지하려고 전쟁을 일으키게 되고 그렇게 되면 12연방은 대혼란에 빠지게 되었을 것이다. 그래서 이들은 매년 의장국에서 제천행사를 거행하면서 신에게 12개 연방국이 다음 해에는 어디에 터를 잡고 생활할지 점쳐 거주지를 순환식으로 돌렸다. 마치 북극성을 중심으로 황도 12궁의 별자리들이 회전을 하듯이 연방국의 위치를 이동시켰던 것이다.

그림 39 3분할 연방국에 소속된 12환국의 예상 행정구역(추정)

12환국의 행정구역은 주도적 역할을 하는 왕, 왕비, 제사장들이 직접 다스리는 3개의 국가를 중심으로 각 국가의 동서남북을 방어하기 위해 각 방위에 4개의 분국을 배치하여 전체적으로 12개의 국가가 하나의 연방이 된 것으로 보인다. 고대 한나라의 한무제가 흉노국을 기습 공격하여 남쪽 땅을 점령했을 때도 흉노족을 완전히 제압하지 못했던 이유가 흉노국의 삼국 중에 한 나라만을 제압했기 때문이다. 나머지 두 개의 국가는 온전한 채로 국가제도를 유지했기 때문에 붕괴되지 않고 한나라와의 전쟁이 가능했던 것이다. 그리고 삼국을 동서남북으로 나누는 제도는 바로 북극성을 중심으로 봄, 여름, 가을, 겨울을 나누는 것을 상징적으로 보여주고 있어 전체적인 국가구조가 천문을 모방하여 만들어졌다는 것을 알 수 있게 한다.

표 9 5부제와 천문의 관계

방향	사신도	별자리	고구려
중앙	중앙	북극성	계루부(桂婁部)
동	청룡	황소자리	순노부(順奴部)
서	백호	사자자리	소노부(消奴部)
남	주작	전갈자리	관노부(灌奴部)
북	현무	물병자리	절노부(絶奴部)

중앙을 다스리는 의장에 해당하는 왕을 선출하는 방식은 초기 다섯 개 부족장과 합의에 의해서 이루어졌다. 오늘날 우리가 아는 것처럼 장자가 계승하지는 않았다. 장자계승제도는 후기에 불교를 국교로 받아들이면서 정착된 제도이다. 왕은 반드시 혈연으로 계승되는 것이 아니라 부족민과 부족장의 결정이 큰 영향을 미쳤다. 그래서 12연방국에서 학식이 풍부하고 높은 도덕성을 가진 사람은 언제든지 왕이 될 수 있었다.

『삼국사기』에 기록된 고구려 지도자들의 이름을 보면 고구려인은 몽골인과 혈연관계에 가까웠던 것으로 보인다. 왜냐하면 고구려 지배계급의 이름이 현재 몽골의 남자 이름과 유사한 것들이 많이 나오기 때문이다. 예를 들어 고구려를 건국한 고주몽(高朱蒙)을 광개토대왕 비문에서는 추모대왕(鄒牟王)이라고 표기한 것으로 보아 '주몽'과 '추모'는 음차표기임을 알 수 있다. 이 이름은 몽골사람 이름인 '철몬(몽: Цолмон)'

일 가능성이 높다. 왜냐하면 철몬의 애칭이 '처모(Цомоо)'이기 때문이다. 고구려 3대 왕인 대무신왕(大武神王)의 경우도 12세기 세계를 주름잡았던 칭기스칸의 어릴 적 이름인 테무진(몽: Тэмүжин)과 같으며 당나라군을 격파했던 명장 을지문덕 장군의 이름도 몽골이름 올지모돈(몽: Олзи Модон)과 닮았다. 고구려 말기의 명장인 온달장군의 이름도 부리야트족 남자 이름인 온다르(몽: Ондар)와 발음이 유사하다. 심지어 칭기스칸이 초원을 통일하고 국가 명칭을 몽골로 결정했는데 몽골이라는 명칭이 12세기에 쓰이기 이전에 이미 동아시아에서는 고구려를 모쿠리(畝句理)라고 불렀다.

이러한 전제를 바탕으로 고구려 5부제의 명칭을 몽골어 기반으로 추측하자면 가장 강력했던 계루부(桂婁部)는 몽골에서 사슴을 의미하는 제르(몽: зээр)에서 왔을 가능성이 있다. 북극성의 상징이 순록이었던 것을 감안하면 왕의 부족을 사슴으로 삼는 전통과 일맥상통하여 가능성이 있어 보인다. 소노부(消奴部)와 순노부(順奴部)는 몽골어의 늑대인 초노(몽: чоно)에서 왔을 것이다. 순노부와 소노부는 중앙의 왕인 계루부를 각각 동과 서에서 호위하기 때문에 절 입구에 들어 갈 때 좌우를 호위하는 해치와 같은 역할을 했다고 추정할 수 있다. 절노부(絶奴部)는 코끼리인 잔(몽: заан)을, 관노부(灌奴部)는 돼지인 가해(몽: гахай)를 음차해서 썼을 가능성이 있다. 고구려뿐만 아니라 그 이전에 존재했던 고대 한국의 지도자에는 가까운 몽골인 외에 멀리 유럽인, 중동인도 포함되었던 것으로 보인다. 이를 추측 가능하게 하는 것은 12환국을 지배했던 지도자들의 이름이다. 역사서에 기록된 왕의 이름들은 모두 음차 표기가 된 것이기 때문에 원래의 발음을 유추해서 찾으면 다양한 민족이 나오는 사실을 발견할 수 있다.

표 10 고대 역사서에 기록된 지배자 명칭을 통해 추측한 지도자의 출신 민족

지도자명	서력(BC)	예상출신국	비슷한 이름
거불리한	3804년	이스라엘	가브리엘(Gabriel)
모사라환웅	3619년	매구여국(賣句餘國)	고구려(모쿠리, 畝句理)
발귀리(發貴理)	?	독일, 스웨덴, 덴마크, 노르웨이	발퀴리(Walküre)
양운환웅	3167년	양운국(養雲國)	유연, 아바르(카: Авар)
갈고(독로한)한웅	3071년	구다천국(句茶川國)	큽착(카: Қыпцақ)
사와라한웅	2774년	사납아국(斯納阿國)	사르마트(카: Сармат)
부루단군	2240년	비리국(卑離國)	부여(카: Buryats)
사벌단군	772년	신라(新羅)	신라(서라벌)
구물단군	425년	구막한국(寇幕汗國)	키막(카: Қимақ)

『한단고기』에 기록된 지도자의 명칭을 전부 고증하는 것은 어렵지만, 간단하게 조사해도 외국인일 가능성이 있는 지도자들 혹은 엘리트들의 이름을 나열하면 〈표 10〉과 같다. 거불리한은 신시배달국 2대 지도자였다. '한'은 왕의 호칭인 '칸(Khan)'이기 때문에 '칸'을 생략하고 이름에 해당하는 '거불리'만 보면 한국에는 없는 생소한 이름이다. 그러나 구약성경에 나오는 천사의 이름이 가브리엘인 것으로 보아 유대인과 관련이 있어 보인다. 모사라환웅은 신시배달국 4대 지도자인데, '모사라'라는 이름은 12환국 중 하나인 매구여국과 닮아 있다. 따라서 모사라환웅은 고구려인일 가능성이 있다. 왜냐하면 고구려를 중앙아시

아에서는 모쿠리(欥句理)라고 불렀기 때문이다. 발귀리는 지도자는 아니고 신시배달국 5대 지도자인 태우의환웅 때의 인물로 보인다. 발귀리라는 이름에서 알 수 있듯이 게르만 신화에 나오는 발퀴리(Walküre)라는 이름과 매우 유사하다. 갑자기 왜 백인이 나오는지 의아해할 수 있는데 앞장에서 이미 고대 한국의 건설과정에 백인이 많이 참여했다는 점을 설명했으니 참고하기 바란다.

양운환웅은 이름에서 이미 유연국 출신임을 보여주고 있다. 이처럼 12환국부터 시작해서 신시배달국과 고조선의 지도자들 중에는 외국인들도 많이 섞여 있었다. 이렇게 여러 민족이 12개의 연방국가에서 최고 지도자가 될 수 있었던 이유는 태양이 1년 동안 12개의 별자리를 지나가는 것처럼 한 지도자가 죽으면 다음 지도자를 12연방 국가의 부족장에서 순환식으로 뽑았기 때문인 것으로 보인다. 즉 12환국은 한민족만의 역사가 아닌 세계의 역사라는 것을 알 수 있다. 한민족이 별도로 독립해서 나름의 민족적 정체성을 가지게 된 시기는 고조선 건국부터인 것으로 보이며 그 이전까지는 연방국의 일원으로 존재했던 것이라 할 수 있다. 어쩌면 우리는 이미 1만 년 전에 하나로 통합된 세계정부를 가지고 있었을 지도 모른다.

여기서 의문점은 갑자기 왜 유대인으로 추정되는 인물이 나타나는가이다. 일반적으로 알려진 음모론에 의하면 현재 유대인 인구의 80% 이상을 점유하는 아슈케나지 유대인은 중앙아시아에서 온 가짜이고 메소포타미아에서 이탈리아, 스페인 등지로 이동한 세파르팀 유대인이 진짜라고 한다. 그러나 『한단고기』의 기록을 보면 이미 유대인은

12환국의 일원으로서 한민족과도 지속적인 교류가 있었다는 점을 알 수가 있다. 당시 한민족의 주요 거주지는 중앙아시아였는데 아슈케나지 유대인들의 거주지역과 동일하다. 물론 12환국 중 수밀이국이 메소포타미아의 수메르로 추정이 되나 당시의 중심은 파미르를 기준으로 한 천산 일대였다. 그렇다면 음모론에서 말하는 아슈케나지 유대인 가짜설은 이미 설득력이 떨어진다. 왜냐하면 한민족이 교류한 대부분의 유대인은 중앙아시아에서 만난 아슈케나지이기 때문이다. 음모론자들은 아슈케나지 유대인들의 조상에 해당하는 카자리아인이 AD 740년경 코카서스 일대에 출현한 시기를 시작점으로 보고 있는데, 카자리아인은 이미 구약의 시대에 존재했던 민족이며 고조선인과 깊은 관련이 있는 사람들이었다.

4
한국인과 유대인의 연결고리
기자조선

　오늘날 대부분의 한국인은 고조선이 하나의 국가였다고 생각하는 데, 원래 고조선은 세 개의 나라가 연합하여 하나의 국가를 이루는 시스템을 가지고 있었다. 또한 단군이 건국하였다는 고조선도 이후에 기자조선, 위만조선 등으로 바뀌었다. 현재 고대사를 연구하는 한국 사학자들 대부분 기자조선의 존재를 부정하는 사람들이 많지만 그것은 실재했다. 역사적 기록을 먼저 살펴보자. 중국의 「선진문헌(先秦文獻)」에 의하면 주나라의 지배를 거부하고 은둔했던 '기자'라는 인물이 있었다고 한다. 또 다른 문헌인 「상서대전(尙書大全)」에 의하면 기자가 주나라의 지배를 거부하고 조선으로 망명하자 주나라 무왕이 이를 듣고 그를 조선의 제후에 봉하였다고 한다.

　중국 측 기록만 존재하는 것이 아니다. 고구려는 매년 기자에게 제사를 지냈으며 신라 학자 최치원도 기자가 고조선의 땅으로 망명했다는 것을 인정했다. 이러한 역사 인식은 대한제국이 멸망할 때까지 이어졌으나 일본의 식민지가 되면서부터 기자조선은 부정되기 시작했다.

일본의 역사학자였던 시라토리 쿠라키치(白鳥庫吉)나 이마니시 류(今西龍)와 같은 이들은 기자동래설이 후대에 꾸며낸 허구이며 실제로 존재했더라도 중국에서 기원했으므로 중국인이 세운 나라이기 때문에 조선과는 관계가 없다고 주장했다. 그렇다면 기자조선의 문제는 어떻게 보아야 할까? 필자가 바라보는 진실은 다음과 같다.

첫째, 기자라는 인물은 실제로 존재했으며 동쪽으로 망명을 갔다. 그러나 중국 문헌에서 말하는 것처럼 주나라 무왕이 기자를 조선의 제후로 임명하는 일은 없었다. 주나라가 싫다고 떠난 사람이 왜 주나라 왕으로부터 작위를 받았겠는가? 오늘날도 이와 유사한 사례가 존재한다. 중국 공산당은 하나의 중국을 주장하며 대만을 중국의 일부라고 주장한다. 하지만 대만 사람들은 이를 인정하지 않으며 대만의 지도자 역시 대만 사람들이 뽑지 중국처럼 중국 공산당이 임명하지 않는다. 그럼에도 불구하고 중국은 대외적으로 대만을 한 개의 성으로 취급하려 한다. 그러나 우리는 이것이 사실이 아니라는 것을 안다. 마찬가지로 과거 주나라와 기자의 관계도 이와 비슷했을 것이다. 따라서 기자라는 사람은 실존했고 고조선으로 망명을 갔으나 주나라에 의해 제후로 임명된 일은 없었다고 봐야 한다. 그런 일이 있었다면 기자는 거절했을 것이 분명하기 때문이다. 다만, 기자가 조선에 와서 제후가 되었을 가능성은 매우 높다. 기자는 은나라의 왕족 출신이었으므로 고조선 내에서 우대를 해주었을 가능성이 높기 때문이다. 고조선의 뒤를 이은 고구려에서도 기자에 대해서 제사를 지낸 것을 보면 고대 한국인은 기자를 매우 특별히 대했음을 알 수 있다.

둘째, 한국이 일본의 식민통치를 받던 시절, 일본의 역사학자들이 수천 년 간 한민족이 인정해왔던 기자조선을 허구의 나라라고 규정한 것은 동아시아 통치를 위한 정치적 의도였던 것으로 보인다. 일단 기자조선을 조선의 역사에 포함하게 되면 한국의 역사가 일본보다 훨씬 길어지는 문제점이 있을 뿐만 아니라, 당시 점령했던 지역이 원래 한국의 옛 영토였다는 사실을 인정하게 되기 때문에 기자조선의 존재를 한국의 역사에서 지웠던 것으로 보인다.

셋째, 구한 말 조선의 신지식인들은 조선의 사대부들이 가지고 있던 사대주의 사상에 반감을 가지고 있었다. 사대부들이 기자조선을 중시한 이유는 사대주의에서 비롯된 부분이 많았기 때문인데, 신지식인들에게 있어서 기자조선을 인정한다는 것은 중국에 의해 조선이 식민통치를 당했다고 인식되는 것과 마찬가지였다. 당시 그들에게는 기자의 혈통이 한족인지 아닌지와 상관없이 '기자는 곧 중국인'이라는 등식이 있었다. 그렇기 때문에 기자조선에 대한 역사 기록이 존재함에도 불구하고 일제강점기 동안 조선의 지식인들은 기자조선을 인정하지 않았다.

기자조선의 존재유무에 관한 문제를 해결하려면 기자가 누구인지부터 알아야 할 것이다. 안정복의 『동사강목(東史綱目)』에 의하면 기자조선의 제1대 군주인 기자는 BC 1126년부터 BC 1082년까지 재위했던 인물로서 은나라의 마지막 왕인 주왕의 친척이었다. 주나라의 무왕이 은나라를 멸망시키고 기자를 자신의 신하로 삼고자 했으나 기자는 이를 거부하고 은둔하였다고 한다. 또 다른 설에서는 기자가 은나라 사람 5천여 명을 이끌고 고조선으로 망명을 왔다 한다. 기자는 은나라의 왕족 출신이라고 했는데 그렇다면 은나라는 누가 건국한 나라인가? 은나라를 건국한 시조는 탕왕(湯王)으로 황제헌원의 자손이라고 한다. 현재 황제헌원은 중국인의 시조로 여겨지는데 이는 중국인에 의한 역사 왜곡이다. 황제헌원은 중국인 즉 한족이 아니라 중앙아시아의 투르크계 민족이었을 가능성이 높다. 왜냐하면 황제헌원의 성은 공손(公孫)씨였는데, 공손씨는 북방민족의 성씨였기 때문이다. 스키타이족의 일파인 위슨(카: Yйciн)족이 공손씨 즉 황제헌원의 자손일 가능성이 매우 높다. 황제헌원의 후손에는 소호금천씨가 있었는데 '소호금천'이라는 한자 표기는 음차 표현이며, 원래의 발음은 '소고알튼(카: согоо алтын)' 즉 '황금사슴'이라는 의미이다. 특히 소호금천의 경우에는 후일 동이(東夷)의 지도자가 되었다고 하는 것으로 봐도 이들은 한족이 아님을 알 수 있다.

『삼국사기』, 『삼국유사』에 의하면 가야국 출신인 김유신은 소호금천씨의 자손이라고 기록하고 있다. 당나라 시절 시안(西安)에 살았던 신라 귀부인의 묘비 대당고김씨부인묘명(大唐故金氏夫人墓銘)을 보면 신라 김씨들의 조상도 가야의 김씨들과 같이 소호금천씨의 자손이라고 하고 있다. 한국 역사에서 신라와 가야는 중앙아시아에서 온 스키타이족과 DNA가 같은 민족으로 두 나라의 왕족은 친척지간이었다. 따라서 은나라는 한족이 아닌 고대 한민족 즉 동이족이라 불리던 민족이 건설한 국가였다. 은나라가 멸망한 이후에 고조선으로 망명한 기자의 무리들은 같은 동이족 출신이었기 때문에 고조선이 받아준 것이다. 그랬기 때문에 중국에 사대하지 않고 멸망할 때까지 중원의 왕조와 대립했던 고구려 왕실에서도 기자에게 제사를 지냈던 것이다.

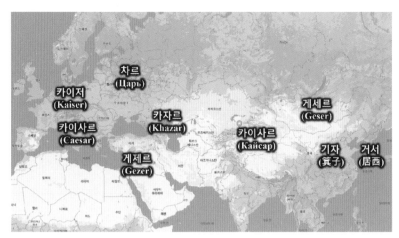

그림 40 유라시아에 존재하는 기자의 다양한 발음

    이제 기자가 중국 한족이 아닌 스키타이족 출신이라는 것을 알았으니 기자라는 이름의 원래 발음이 무엇인지 알아보자. 동아시아에는 'R' 발음이 없어서 발음이 생략되는 경우가 많다. 예를 들어 동북삼성에 살았던 만주족을 러시아에서는 만주르(러: Манжур)라고 발음하지만 한국에서는 만주(滿洲)라고 발음한다. 투르크계 지배자였던 게세르한(영: Geser Khan)을 한자로 표기해서 발음할 때는 거서간(居西干)이라고 써서 'R' 발음이 사라지는 것을 볼 수 있다. 따라서 기자의 원래 발음은 카자르(Khazar) 였다는 점을 유추할 수 있다. 고대 투르크계 언어를 썼던 유목민족들은 언어가 변하면서 다양한 형태로 발음이 되었는데 〈그림 40〉과 같다.

    기자 즉 카자르라는 단어로부터 파생된 단어는 유라시아 대륙에 광범위하게 존재한다. 다양한 민족 속에 존재하는 단어를 연결시켜주는 고리는 바로 유라시아 대륙을 누비던 스키타이족이다. 텡그리 신화에 의하면 태고적 시절 파미르 고원에는 텡그리가 살았는데 그에게는 카이사르(Кайсар), 칭기스(Чингис), 예르사인(Ерсайн) 삼형제가 있었다고 한다. 후일 인구가 증가하자 삼형제는 각자 다른 곳으로 이동해 살기로 하는데, 막내였던 예르사인은 부모와 함께 남았고 장남이었던 카이사르는 동쪽으로 가서 살았으며 칭기스는 서쪽으로 가서 살게 되었다고 한다. 따라서 '카이사르'라는 이름에는 '동쪽의 지배자', '장남'이라는 의미가 포함되어 있다.

몽골족도 이러한 전설을 공유했기 때문에 테무진이 칸이 되었을 때, 칭기스칸이라는 호칭을 가지게 된 것이 아닌가 생각된다. 대홍수 이후 천산에서 내려오던 당시, 고대 한민족은 텡그리의 첫번째 아들의 자손이었기 때문에 천산의 동쪽으로 내려가 나라를 세웠다. 그렇기 때문에 지배자의 명칭을 거서간 즉 게세르한이라고 썼다는 것을 알 수 있다. 중국 측 기록에 의하면 동이족 출신이었던 기자라는 이름이 먼저 나오고 나중에 신라에서 거서간이라는 호칭이 나오는 것으로 보아 『삼국사기』, 『삼국유사』, 대당고김씨부인묘명에 기록된 신라는 소호금천씨의 자손이라는 표현이 맞다는 것을 알 수 있다.

기자의 출신 민족인 동이족이라는 호칭도 투르크-몽골의 텡그리 신화를 입증할 수 있는 좋은 증거자료가 된다. 이를 표로 정리하면 〈그림 41〉과 같다. 민족을 뜻하는 한자 '족(族)'은 한자를 쓰는 여러 민족들이 다양한 형태로 발음을 하고 있다. 한국에서는 **족**이라고 발음하지만 중국에서는 **주**(Zú)라고 발음하며 일본에서는 **조꾸**(ぞく)라고 발음한다. 고

그림 41 동이족 관련 단어들

대 투르크-몽골계 언어에서는 민족 명칭을 쓸 때 **스**(s)를 써서 표기했
다. 예를 들어 하카스, 케레스, 퉁구스 등으로 발음했다. 따라서 한민족
을 뜻하는 고려족(高麗族)은 중국발음으로는 까오리주(高麗族), 일본발음
으로는 코라이조꾸(高麗族), 카자흐어로는 케레스(Kepec)라고 발음한다.

한자를 최초로 만들어 썼던 민족은 중국 한족이 아닌 동이족이었기
때문에 고대 투루크-몽골계의 단어에서 한자 단어가 나오는 것은 이상
한 현상이 아니다. 또한 'ㅎ'의 발음은 지역에 따라 'ㄱ'으로 변한다. 예
를 들어 투르크어의 '카자르'를 몽골에서는 '하자르'라고 발음하며 한국
어의 '신호(信號)'라는 발음을 일본에서는 '신고(信号, しんご)'로 발음한
다. 이를 감안하여 동이족(동이주, Dōngyízú)의 원래 발음을 추정하면 '동
구족' 즉 '퉁그스'라는 것을 알 수 있으며 퉁그스의 발음에서 '그'가 '호'
로 변해서 동호족으로도 불렸다는 것도 알 수 있다. 동이족이든 동호족
이든 퉁그스족이든 공통점은 모두 알타이계 민족이라는 점이다. 이와
더불어 카자흐어에서 장남은 퉁그슈(Tyнғыш)라고 하는데 이 발음은 퉁

그스족과 발음이 비슷하며 숫자 '9'를 뜻하는 토그즈(Тогыз) 또한 퉁그스랑 발음이 비슷하다.

이러한 내용을 바탕으로 텡그리 신화와 『한단고기』에 기록된 파미르 고원에서 내려와 나라를 세웠다는 역사를 종합해서 해석하면, 동이족 즉 퉁그스족은 장남 부족이었기 때문에 파미르로부터 동쪽 지역인 중국지역에 가서 나라를 세우고 살았다고 풀이할 수 있다. 특히 우리는 동이족을 구이족 즉 아홉 개의 종족으로 인식하는데 공교롭게도 카자흐어의 토그즈가 숫자 '9'를 상징하므로 퉁그스족이라는 말 자체가 구이족을 뜻한다는 것을 알 수 있다. 결국 중국에 황하문명을 건설하고 살았던 민족은 중국인 즉 한족이 아니라 고대 한민족의 조상이 되는 동이족들이었으며, 동이족이 세운 은나라가 주나라에 의해 멸망하면서 동족들이 살던 동호의 땅인 만주로 망명했다는 사실을 알 수 있다. 만주 일대에서 살던 기자의 무리들은 이후 한나라와 돌궐제국에 의해 나라가 망하면서 일부는 한반도로 이동하고 일부는 중앙아시아로 이동하게 된다. 서양인의 역사에 등장한 카자리아는 고조선의 일파였던 유연국이 AD 555년에 망하면서 서쪽으로 이동하여 AD 650년 흑해연안에 나라를 세우면서 처음 등장하게 된 것일 뿐, 카자르족은 구약의 시대에도 존재했다는 것을 한민족의 고대사를 통해 알 수 있다.

기자의 조상은 파미르고원에서 대홍수 이후 인류에게 문명을 전파해 주었던 태호복희의 자손으로 동아시아에 금척을 가지고 와서 나라를 건국한 인물이다. 그렇기 때문에 서양의 프리메이슨이 시조로 여기는 히람 아비프와 기자 즉 카자르인은 혈연적으로 매우 가까울 가능성이 높다. 그래서 한민족과 유대인은 태호복희와 여와의 자손으로서 모두 직각자와 컴퍼스를 통치의 상징으로 각각 나누어 가지고 있는 것이 아닌가 추측한다.

따라서 음모론자들이 주장하는 것처럼 전 세계 유대인 인구의 80%를 차지하는 아슈케나지 유대인은 카자르인 후손이기 때문에 구약의 유대인과 다른 가짜 유대인이라는 논리는 성립되지 않는다. 만약에 카자르인들이 가짜라면 왜 솔로몬왕 시절에 건설된 도시의 이름 중에 게제르(Gezer)라는 것이 있는 것인가? 이미 구약의 시대에도 가나안 땅에는 카자르라는 이름이 존재했으며 동북아시아에도 존재했다. 한국과 이스라엘은 서로 멀리 떨어져 있으나 두 민족 간은 중앙아시아 초원에 거대한 국가를 건설했던 스키타이족을 통해서 그 끈이 연결되어 있다는 것을 알 수 있다.

5
중국 공산당에 의한
아시아의 백인 지우기

파미르 고원에서 동쪽으로 이동한 텡그리의 첫째 아들 카자르의 부족들은 중원대륙으로 이동하던 당시 크게 3가지 경로를 통해 갔으며 이 경로를 따라 스키타이족의 흔적들이 남아 있다. 흔히 스키타이족들은 중앙아시아와 유럽에 있었던 것으로 알고 있는데 이는 유럽에 살던 그리스-로마의 역사학자들의 인식 범위가 거기까지였기 때문이다. 반대로 중국인들은 스키타이족의 영역을 천산산맥까지라고 생각했다. 고대시대에 그 너머로 가는 일은 불가능했기 때문이다. 따라서 스키타이족의 활동무대는 동양과 서양의 역사기록을 동시에 참조해야 그 영역을 가늠할 수 있다.

중원대륙에 한족이 살기 전 이미 동이족이 먼저 와 살았는데 중국인은 이들을 동이족이라고 불렀다. 동이족의 명칭은 앞장에서 설명했듯이 원래 발음은 퉁그스족이며 9개의 부족이 12개의 국가를 만들어 연방국의 형태로 나라를 다스렸다. 이들이 세계 4대 문명 중 하나로 알려진 황하문명을 건설한 원래 주인으로 현재 중국의 한족과는 상관없는

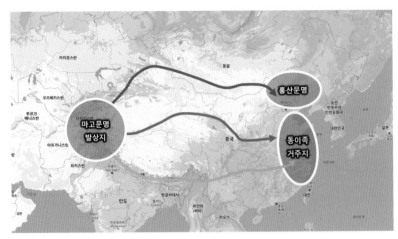

그림 42 동이족의 이동

민족이다.

　상황이 이렇다 보니 2002년부터 중국 공산당은 탐원공정(探源工程)이라는 역사왜곡 작업을 통해 한족이 탄압하는 소수민족의 역사를 자신들의 역사로 편입시키고서 소수민족 말살정책을 펼치고 있다. 그리하여 중국 역사보다 더 오랜 역사를 가졌던 중국 주변 민족들의 역사를 동북공정, 서남공정, 서북공정이라는 이름으로 중국 문화에 넣으려 하고 있다. 여기에는 한민족, 티베트족, 위구르족의 역사와 문화가 포함된다.

　중국의 시진핑 주석이 미국의 트럼프 대통령과 만났을 때 한국은 중국의 일부라고 말했던 이유도 주변 민족의 역사를 가져야만 그가 현재 주도하는 '위대한 중국문명'이라는 역사공정을 완성할 수 있기 때문이다. 최근 한국의 음악과 영화가 전 세계적으로 인기를 끌자 중국인이 한국의 전통문화인 한복, 김치 등을 자국 문화라고 주장하는 것도 중국 공산당이 주도하는 역사왜곡 정책의 일환이다.

『설문해자(說文解字)』에 의하면 "동이란 동쪽에 사는 사람들로 오직 동이만이 대의를 따르는 대인(大人)이며 동이의 풍속은 어질다. 어진 사람은 장수하는 법이라 그곳의 군자는 죽지 않는다. 고로 공자도 도가 행하여지지 않으니 나는 군자불사지국(君子不死之國)인 구이(九夷)에 가고 싶다 하였다."고 한다. 지금도 그렇지만 수천 년 전부터 중국인은 동이족의 나라 즉 한국에 살고 싶어 했다.

『논어정의(論語正義)』를 보면 동쪽에는 9개의 민족이 있는데 견이(畎夷), 우이(于夷), 방이(方夷), 황이(黃夷), 백이(白夷), 적이(赤夷), 현이(玄夷), 풍이(風夷), 양이(陽夷)를 말한다. 다시 말하자면 첫째는 현도(玄苑), 둘째는 낙랑(樂浪), 셋째는 고려(高麗), 넷째는 만식(滿飾), 다섯째는 부유(鳧臾), 여섯째는 색가(索家), 일곱째는 동도(東屠), 여덟째는 왜인(倭人), 아홉째는 천비(天鄙)라고 기록되어 있다. 이들의 거주지를 지도로 옮기면 중국 땅 전체가 된다. 황하문명의 원류는 중국 한족이 야만족의 땅이라고 비하했던 만주에 존재한 홍산문명에서 기원했다. 현재 중국인이 쓰는 한자도 만주에 있던 홍산문명을 건설한 엘리트들이 썼던 갑골문자를 동이족이 황하강 유역에서 은나라를 건설할 때 쓰면서 유래된 것이다. 중국 한족이 말하는 자랑스러운 오천 년의 역사 중 한족이 세운 나라는 송나라(AD 960~1279), 명나라(AD 1368~1644) 정도로 600년일 뿐 그 외의 왕조는 모두 북방 기마민족이 중원에 건설한 나라였다. 따라서 중원 역사의 주인공은 한족이 아닌 기마민족이었다. 그래서 오늘날은 중화민족이라는 단어를 만들어 이 속에 한족, 몽골족, 조선족, 위구르족 등

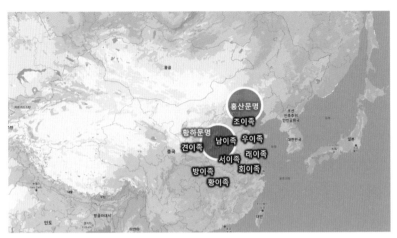

그림 43 구이족과 고대문명의 위치

53개의 모든 민족을 하나의 민족이라고 억지 주장을 하고 있는 것이다.

그러나 엄연히 동이족과 중국인은 다르다. 그리고 수천 년 동안 중국인 역시 자신들이 동이족이라고 생각해 본 적이 없다. 동이족을 중국인이라고 주장하기 시작한 시기는 중국 공산당에 의한 역사공정 이후부터였다. 『설문해자』의 기록 중 특이한 점은 "동이족의 나라를 다스리는 지도자들은 불멸의 성인이다."라고 기록한 부분이다. 이러한 기록은 『설문해자』 외에 『후한서』에도 나타난다. 『한단고기』의 기록을 보면 중국인이 말했던 것처럼 지도자들이 나라를 다스린 재위기간이 상당히 길다는 것을 볼 수 있다.

『한단고기』를 위서로 여기는 이유 중의 하나가 고대 지도자의 수명이 너무 길다는 점이다. 신시배달국보다 더 오래된 시대에는 수명이 더 길었던 것처럼 보인다. 왜냐하면 신시배달국 이전에 건국되었던 12환

표 11 신시배달국 지도자 통치 연도

순서	재위 연도	이름	서력(BC)
1	94	환웅	3898
2	86	거불리	3804
3	99	우야고	3718
4	107	모사라	3619
5	93	태우의	3512
6	98	다의발	3419
7	81	거련	3321
8	73	안부련	3240
9	96	양운	3167
10	100	갈고	3071
11	92	거야발	2971
12	105	주무신	2879
13	67	사와라	2774
14	109	치우	2707
15	89	치액특	2598
16	56	축다리	2509
17	72	혁다세	2453
18	48	거불단	2381

국의 경우에는 3301년을 7명의 지도자가 다스린 것으로 기록되어 있어 평균 재위기간이 471년이나 되기 때문이다. 따라서 이들의 평균수명은 500년이 넘을 것으로 예상된다. 그런데 이러한 기록은 한국에만 있는 것이 아니다. 성경에는 구약시대 인간들이 거의 천 년을 살았다는 기록이 나온다. 수메르의 점토판 기록을 봐도 고대 왕들의 수명이 상당히 길었던 것으로 나오는데 어쩌면 사실이지 않을까 생각한다. 왜냐하

면 이들은 산에서 내려온 백색 머리에 하얀 피부를 가지고 있던 주시자들이라는 공통점이 있기 때문이다. 백색 머리카락을 가졌던 고대 샤먼 종족은 보통의 인간과는 다르게 장수할 수 있는 유전적 특징이 있었던 것이 아닌가 추정한다. 이러한 기록들과 북유럽의 엘프족 신화를 함께 비교하면 실제로 고산지대에 고도의 문명을 가지고 무병장수한 종족이 있었을 가능성이 있다는 것을 알 수 있다.

표 12 엘프족과 동이족, 중앙아시아, 수메르 문명의 지도자 특징 비교

특징	동아시아	중앙아시아	메소포타미아	북유럽
머리카락	백색	백색	백색	백색
피부색	백색	백색	백색	백색
거주지	고산지대	고산지대	고산지대	고산지대
수명	불노불사	기록 없음	불노불사	불노불사
특징	활을 잘 씀	기록 없음	기록 없음	활을 잘 씀

세계 4대문명을 보면 고대 문명 발생의 특징은 모두 외지로부터 온 어떤 기술자 집단에 의해서 문명이 비약적으로 성장하였다는 점이다. 그 중에서도 기록으로 확인할 수 있는 『한단고기』나 성경에 의하면 우리에게 기술을 전파해준 집단은 백발에 하얀 피부를 가진 사람들이었다는 것을 발견할 수 있다. 구대륙의 문명뿐만 아니라 아메리카 대륙에 문명을 전파해준 카찰코아틀이나 쿠쿨칸, 비라코차의 경우도 같은 신화를 가지고 있다. 이들은 모두 대홍수 때 고산지대로 피난을 가서 살

아남았던 인류가 인구팽창으로 인해 산맥을 따라 여러 지역으로 확산 되다가, 저지대로 내려가 문명을 건설하던 당시 홍수에 쓸려 갔다가 생 존했던 저지대 사람들과의 만남으로 오늘날의 현대문명이 건설되었다 는 공통점이 있다. 흰 머리를 했던 소수의 지배종족은 시간이 지남에 따라 현지 부족들과의 혼혈로 인해 점차 사라져간 것이 아닌가 추정된 다. 지금도 북유럽에 가면 금발이 아닌 백발을 한 코카서스계 인종을 종종 발견할 수 있는데 이러한 사람들이 바로 주시자의 자손이 아닌가 생각한다.

동아시아와 중앙아시아에도 백발의 종족이 12세기 무렵까지 유라 시아 대륙의 지배계급으로 존재했다. 그러나 칭기스칸이 아시아를 정 복하던 시기 그들은 몽골족에 의해서 거의 전멸 당했고 오늘날에는 오 브스 지역에 극히 소수의 숫자만 생존해 있다. 몽골족과의 결혼으로 인해 오늘날 그 지역 원주민을 보면 백발의 사람은 보이지 않는다. 코 카서스인적인 외모를 가진 금발에 푸른 눈을 가진 이들이나 투르크계 인처럼 보이는 사람들, 몽골인처럼 보이는 사람만이 존재하고 있다.

6

천산에서 동쪽으로 이동한
케레이들

한민족을 지칭하는 명칭은 여러 가지가 있다. 예를 들어 조선인, 고려인, 한국인, 한민족 등이다. 그러나 한민족이 스스로를 부를 때는 '겨레'라고 했다. 또한 '한겨레'라는 명칭도 함께 썼다. 그렇다면 '겨레'라는 명칭은 어디에서 유래한 것일까? 몽골어 사전에 보면 까마귀를 '헤레(몽: Хэрээ)'라고 하며 갈까마귀를 '혼헤레(몽: Хонхэрээ)'라고 한다. 한민족을 뜻하는 '겨레'와 '한겨레'는 바로 몽골어로 까마귀를 뜻하는 '헤레'와 '혼헤레'에서 왔다는 것을 알 수 있다.

한민족의 천손강림신화를 보면 나라를 다스리는 지도자는 하늘로부터 내려왔다는 전설이 있는데, 이때 가장 많이 등장하는 동물이 까마귀이다. 『산해경』에도 하늘에 열 개의 태양이 떠서 세상이 뜨거워지자 예(羿)가 열개의 태양 중 아홉 개를 활로 쏴서 떨어뜨렸다고 하는데 이것이 바로 지상으로 강림한 동이족 즉 구이족 탄생의 신화적 모태가 되었다.

"하늘의 상제(하느님) 제준(帝俊)에게는 두 명의 부인이 있었는데 한 명은 태양신 희화(羲和)였고 또 한 명은 달의 신인 상희(常羲)였다. 이 두 명의 부인들은 각각 10개의 태양과 12개의 달을 낳았는데 10개의 태양은 하루에 1개씩 순차적으로 동쪽 하늘에서 떠서 서쪽 하늘로 지면서 세상을 비추었다. 그러나 하루는 10개의 태양이 동시에 떠서 세상이 뜨거워져 백성들이 살 수 없게 되자 지상의 왕이었던 요임금이 제준에게 도움을 요청했다. 이에 제준은 예(羿)에게 화살을 주어 땅으로 내려가 재난으로부터 구원하라고 말한다. 활 솜씨가 뛰어났던 예는 사태를 수습하기 위해 태양을 설득하기보다는 화살로 쏘아 떨어뜨리기로 결정하고 화살을 태양을 향해 쏘았는데, 화살은 맞은 태양은 커다란 소리를 내며 지상으로 떨어졌는데 떨어진 곳을 가보니 발이 세 개 달린 금빛 까마귀였다. 예는 다시 8개의 화살로 8개의 태양을 떨어뜨리고 마지막 10번째 태양도 떨어뜨리려고 했으나 요임금이 만류하여 하나의 태양은 그대로 하늘에 남겨두었다."23)

고대인은 태양을 까마귀와 일치해서 인식하는 경우가 많았다. 태양이 하늘로 뜨는 것은 태양새 즉 까마귀가 태양을 싣고 하늘로 날아오르기 때문이라고 생각했기 때문에 까마귀를 태양신과 소통하는 메신저라고 생각한 것이다. 그래서 지금도 몽골 샤먼들을 보면 머리에 까마귀

---

23) 산해경(山海經), 대황동경(大荒東經), 회남자(淮南子).

깃털로 장식하는 것을 볼 수 있다. 카자흐족을 구성하는 민족 중의 하나인 케레이족도 민족 명칭의 기원이 까마귀라서 한민족을 부르는 명칭 중 하나인 '겨레'는 카자흐족의 부족 중 하나인 케레이와 혈연관계가 있을 가능성이 있다. 카자흐스탄에서 출판된 각 민족의 기원을 기록한 책에 의하면 하카스족의 언어로 '키레트(하: Киреті)'라는 단어는 '삼룩(카: Самрук)'이라는 큰 새를 의미하며 몽골어 '헤레(몽: Хэрээ)'에서 왔다고 한다.24) 따라서 한국어의 '겨레'와 카자흐어 '케레이', 몽골어 '헤레(케레)'는 모두 까마귀를 의미하며 이러한 이름을 쓰는 부족들은 고대에 서로 같은 민족이었을 가능성이 크다. 『산해경』에 등장하는 10개의 태양과 예의 이야기에서 볼 수 있듯이 유라시아의 기마민족은 민족 명칭을 만들 때 까마귀 외에 화살도 민족의 상징으로 썼다.

고대 북방민족은 자신들을 부를 때 '화살(Arrow)' 민족이라는 의미로 오구르(Ogur) 또는 오구즈(Oguz)라고도 불렀는데, 중국의 신장 위구르족(Uygru)은 지금까지도 자신들을 활 민족(Arrow tribe)라고 부른다. 화살로 부족의 명칭을 사용한 이유는 이들이 하늘에서 지상으로 내려왔다는 것을 상징적으로 의미하기 때문이다. 화살을 맞고 9마리의 황금 까마귀가 지상으로 떨어졌다고 기록된 『산해경』의 의미는 바로 하늘로부터 한민족의 조상민족이 되는 동이족의 9부족 즉 구이족(九夷族)이 내려왔다는 신화적 표현인 것이다. 따라서 위구르족과 한민족, 헝가리,

---

24) 『Қазақ ру-тайпаларының тарихы, XV-том Керей』, Алаш тарихи-зерттеу орталығы, pp. 39~40.

불가리아, 카자흐족 외에 북방민족들이 모두 삼족오 신화를 바탕으로 천손민족이라는 신화를 가지고 있음을 알 수 있다.

돌궐제국(Turk empire)은 『산해경』 속 10개의 태양 이야기처럼 부족을 10개로 나누어 다스렸는데 이때 카칸(Emperor)은 각 지도자에게 그 지역을 통치할 수 있는 권리를 준다는 의미로 설(說: 고대 투르크 발음으로 의미는 '화살')을 주는 풍습이 있었다. 여기서도 숫자 '10'과 '화살'이 등장해 『산해경』의 기록과 같은 맥락임을 알 수 있다. 동유럽 국가인 헝가리와 불가리아의 건국 기원이 된 온 오구르(카: Он Оғыр, 영: Onogurs)라는 나라는 원래 중앙아시아 카스피해에 살았었는데 여기서 '온 오구르'란 의미는 '온'이라는 숫자 '10'과 '오구르' 화살을 조합해 만든 이름으로 '열 개의 화살'이라는 의미이다. 고대 갑골문자를 보아도 이를 알 수 있는데 민족(民族)이라는 글자 중 족(族)의 원형문자는 깃발과 화살의 조합으로 만들어진 문자였으며 현대 한자에서도 화살 시(矢)가 있어 민족을 화살로 표현했다는 점을 알 수 있다. 즉 한자는 한족이 만든 문자가 아니라 기마민족이 만든 문자인 것이다. 왜냐하면 화살을 민족의 정체성으로 사용하고, 자신의 민족 신화로 묘사했던 사람들은 중국 한족이 아니었기 때문이다. 중국의 학자 필장복은 『중국인종북래설(中國人種北來說)』에서 다음과 같이 말하고 있다.

"중국문자(한자)가 만들어진 것은 필시 중국 중원에서 시작된 것이 아니다. 그 계통은 멀리 추운 북방에서 시작된 것을 계승한 것이다(中國文字之制作 必非始于中國中原 而係遠始于寒 的北方)."라고 말했으며 중국의 서량지(徐亮之)라는 사학자가 쓴 『중국사전사화(中國史前史話)』에도 한자가 중국인이 만든 것이 아님을 인정하는 기록이 있는데 다음과 같다. "세석기(細石器)문화를 지닌 부족이 최초로 거주한 곳은 지금의 시베리아 바이칼 호수 근처이다. 곧 중국의 전설 가운데 등장하는 염제신농 등의 본래 종족이 있던 곳이다(細石器文化部族 最初乃居住 今西伯利亞的貝加爾湖附近他 們乃中國 傳說中的炎帝神農氏本族)."

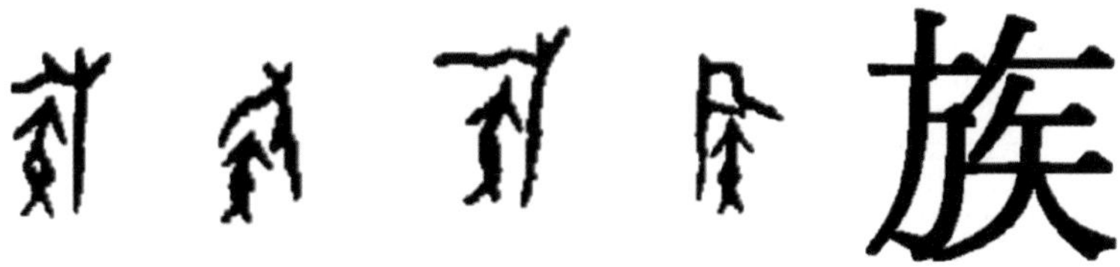

그림 44 민족을 뜻하는 족(族)의 고대 갑골문자

케레이족은 흉노의 후예로 원래 살던 지역은 타림분지 일대였다고 한다. 당시 이들은 위구르족의 일파로서 10개의 위구르족 중 아홉 개의 종족이 동쪽으로 이동하여 몽골 아르항가이에 있는 오르타 발릭에서 12개의 연방국가를 건설하였다. 중국에서는 이들을 타타르라고 불렀으며 북 조복 타타르(카: Солтустік Чзубу Татар)에서 케레이족이 탄생했다고 한다.25) 이 이야기는 앞서 언급한 『산해경』에 기록되어 있는

---

25) 위의 책, p.19.

하늘의 열개의 태양에서 9개의 태양이 지상으로 내려왔다는 신화를 역사적으로 묘사한 것으로 그 내용이 같다는 것을 알 수 있다.

『산해경』에 삽입된 그림을 보면 '예'라는 인물이 태양을 쏘아 떨어뜨리는데 그 속에 까마귀가 그려져 있는 것을 볼 수 있다. 이 또한 까마귀를 상징하는 케레이족과 같아 『산해경』 속 9개 태양의 지상강림신화는 케레이족의 신화임을 알 수 있다. 동이족 즉 구이족이 12개의 연방국가를 건설했다는 내용과도 일맥상통하므로 케레이족은 겨레족과 같으며 이들은 모두 동이족 즉 퉁그스족임을 추론할 수 있다.

실제로 이 민족들은 알타이계 언어를 쓴다는 공통점을 가지고 있다. 신라의 기원을 기록한 『부도지』에도 나와 있듯이 한민족 즉 겨레족이 파미르 고원에서 동쪽으로 이동해서 지금의 한반도에 살게 되었다고 하는데, 케레이족의 이동 경로도 한민족과 똑같이 타림분지에서 동쪽으로 이동해서 만주에 정착한 것으로 기록하고 있다.

〈그림 45〉를 보면 파미르 고원에서 산맥을 타고 동쪽으로 이동하는 경로에는 까마귀를 뜻하는 단어와 지명이 있다는 것을 발견할 수 있다. 기련산(祁連山)이라는 이름은 흉노시대 때부터 불렸던 지명으로 흉노어로 '기련'은 '하늘'을 뜻한다고 하며 하서회랑의 남쪽에 있었기 때문에 남산(南山) 이라고도 불렸다. 공교롭게도 스키타이족 계열의 민족이 세운 신라의 수도 경주에도 남산이 있었다. 현재는 금오산(金鰲山)이라고 불리는데 아마도 스키타이족들이 타림분지 일대에 살던 당시 그들의 성산이었던 기련산 즉 남산이라는 지명을 가지고 왔음을 알 수 있다.

그림 45 케레이족의 이동 경로

같은 스키타이 계열이 건국한 가야의 경우도 김수로왕의 부인이었던 허황후가 태어나 성장한 곳이 사천성 보주시라고 하는데 그 지역은 남방 실크로드로서 동남아시아와 인도를 연결하는 지역이다. 이처럼 스키타이족의 이동 경로와 한민족 즉 겨레족의 이동 경로는 같다는 사실을 발견할 수 있다. 많은 학자는 스키타이족이 유목민족이었기 때문에 몽골 초원 일대에만 있었던 것으로 알고 있지만 이들은 양자강 유역에도 거주했다. 실제로 양자강 유역에 있었던 많은 국가의 지배자 이름을 보면 이들은 중국인이 아니라 투르크계 민족이었음을 알 수 있다.

이뿐만이 아니다. 『삼국사기』에 기록된 일식관측 기록을 봐도 동이족 계열 중 하나인 한민족이 건국한 고구려, 백제, 신라의 천문관측지역도 현재 우리가 배우는 역사책의 위치와 완전히 다르다. 『삼국사기』의 일식 기록에 의하면 고구려의 천문관측지역은 바이칼 호수 근처로

표 13 양자강 유역에서 발견되는 스키타이족 계열의 이름들

왕명/지명	병음	카자흐어식 표기	출신 부족	한민족식 표기
姑苏(소주의 옛 명칭)	Gū sū	Кашю	서돌궐족	고차
木渎(소주 지명)	Mào dùn	Модон	흉노족	문덕
鹅真(소주 호수이름)	Wù zhě	Улзи	퉁그스족	을지
芜湖(안휘지명)	Wū hù	Yгур	고차/철륵부족	
鸠兹(우후의 옛 명칭)	Gǔ sī	Каш	돌궐족	
姑妹(월나라 지명)	Kù mò	Кунмо	동호-선비족	금오
桐庐(절강성 지명)	Tóng luō	Туран	회홀족	
义乌(절강성 지명)	Yì wú	Yгур	서돌궐족	
柏卢(오나라 왕명)	Bá è		동호-선비족	
屈羽(오나라 왕명)	Qū shuō	Куш	퉁그스족	고차
夷吾(오나라 왕명)	Yí wú	Yгур	서돌궐족	
颇高(오나라 왕명)	Wū jī	Улзи	회홀족	을지
余祭(오나라 왕명)	Tú hé		퉁그스족	
戴吴(오나라 왕명)	Zhāowǔ		동호-선비족	
州于(오나라 왕명)	Zhōu yú		동호-선비족	
阖闾(오나라 왕명)	Hú lǜ		고차부족	부루
夫差(오나라 왕명)	Pú chá		여진족	
姑蔑(오나라 왕자명)	Kù mò	Кунмо	동호-선비족	금오
无诸(월나라 왕명)	Wù zhě	Улзи	통구스족	을지
无任(월나라 왕명)	Wù rě	Улзи	퉁그스족	을지

나왔고, 백제의 관측지역은 현재 중국의 수도인 북경 근처이고, 신라의 천문대는 양자강 일대인 것으로 나왔다. 그 이전에는 천문 관측을 중국 동부지역에서 했다. 이것이 시사하는 바는 신라의 수도가 양자강 일대에 있었다는 것이며 그 지역이 스키타이 계열이었던 신라, 가야의 주요 활동 지역이었다는 것을 알 수 있다. 이 지역에 신라, 가야 외에도 양자강 유역의 중국인이 세운 나라라고 여겨지던 오나라, 월나라의 왕들의 이름도 중국인 즉 한족이 아닌 스키타이 계열의 이름이 나오는 것을 볼 때 이 지역이 스키타이족의 거주지였다는 것을 의미한다. 오늘날 존재하는 역사 기록에서 신라가 중국 동부지역에 있었다는 기록은 없다. 천문관측기록과 이 지역 왕들의 이름으로만 그 흔적을 볼 수 있을 뿐이다.

이를 통해 추측할 수 있는 점은 한민족이 중국 동부지역에서 현재의 한반도 지역으로 이동하면서 이 지역을 차지한 한족들이 명나라 때 역사왜곡을 하여 기록상으로는 존재하지 않게 된 것이 아닌가 싶은 지점이다. 만약 이들이 천문관측기록까지 삭제했다면 스키타이족이 양자강 유역에 살았다는 것을 알 수 없었을 것이다. 그러나 운 좋게도 당시에는 그 중요성을 몰랐던 것 같다.

천문관측기록이 중요한 이유는 세 가지가 있다. 첫째, 고대시대에 천문관측은 그 지배자가 천손인지 아닌지를 결정하는 중요한 요소가 된다. 천손이 왕이 되어 국가통치를 하면서 중요한 결정을 내리게 될 때 신하들의 의견을 들었지만, 최종결정은 샤먼이 행하는 신탁의식을 통해 왕의 아버지인 천신이 자신의 결정을 승락할지 안 할지를 점쳤다고 한다. 그래서 왕이 거주하는 수도와 천문관측지역은 가까워야만 했

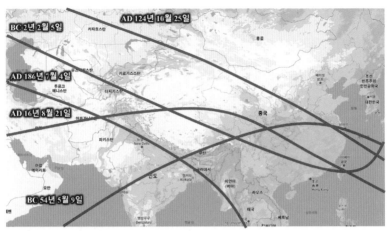

왕 이름	일시(양력)	내용
혁거세한 4년	BC 54년 5월 9일	日有食之(일식)
혁거세한 56년	BC 2년 2월 5일	日有食之(일식)
남해왕 13년	AD 16년 8월 21일	日有食之(일식)
지마왕 13년	AD 124년 10월 25일	日有食之(일식)
벌휴왕 3년	AD 186년 7월 4일	日有食之(일식)

그림 46　삼국사기에 쓰인 신라의 일식 기록과 관측 가능 지역

다. 따라서 천문관측지역의 위치는 수도의 위치라고 할 수 있다.

둘째, 고구려, 백제, 신라의 천문관측지역이 바이칼 호수, 북경, 양자강 유역으로 역대 중국왕조의 수도로부터 멀리 떨어진 지역에서 관측이 되었다는 것은 삼국사기에 기록된 천문관측기록이 중국역사서를 베낀 것이 아니라는 점과 세 나라가 중국의 속국이 아닌 독자적인 국가라는 점을 의미한다.

셋째, 당시 중국인들은 자기 주변 민족들을 비하하면서 동이, 서융, 남만, 북적이라는 야만족이라고 묘사했는데 그들이 말한 야만인들의 땅에서 천문관측을 했다는 것은 이들이 야만인이 아니라 오히려 고도의 문명을 가진 문명인이었다는 사실을 방증한다.

7

다시 서쪽으로 이동한
케레이족

유대계 헝가리인이었던 아서 커에스트러(Arthur Koestler)가 쓴 『13 번째 부족(The Thirteenth Tribe)』에 의하면 오늘날 유대인의 대부분을 차지하는 아슈케나지 유대인이 카자르인에서 유래했다고 한다. 그의 주장에 의하면 카자르인은 중앙아시아에서 온 투르크계 민족으로, 동방에서 중앙아시아로 넘어와 카자르 한국을 건국하여 살다가 키에프 러시아에 의해 멸망하면서 유럽으로 이동하였고 그 후 우리가 아는 현재의 유대인이 되었다고 한다. 또한 카자르 한국을 건국한 민족은 킵차크족 혹은 케레이족으로 추정된다고 주장한다.26) 어느 쪽이건 두 민족다 투르크계 민족으로서 고대 스키타이족과 관련이 있다.

최초의 케레이족은 중앙아시아 고원 일대에서 위구르족의 일파로 거주하다가 10개 부족 중 9개 부족이 타림분지에 걸쳐 몽골의 아르항

---

26) Arthur Koestler, 『The Thirteenth Tribe』, Random house, Inc., 2014, p .4.

가이로 이주하였다. 그곳에서 위구르 12연방 국가를 건설하였으며 이후 일부가 바이칼 호수 일대로 이동하였다가 최종적으로 만주에 정착하여 살았다고 한다.27) 케레이족은 중앙아시아를 중심으로 광범위하게 흩어졌기 때문에 다양한 민족의 조상이 되었는데 그 후손들은 바슈키르 타타르, 타타르, 키르키즈, 우즈벡, 몽골, 오이라트이며 호칭도 케레이(카: Керей), 키레이(카: Кирей), 기레이(카: Гирей), 키레이트(카: Кирейт)라고 불렸다.28)

　오랫동안 만주에 거주하던 케레이족은 조복연맹을 결성하고 살았으나 AD 924년 요나라가 이들을 정복한 후 요나라에 공물을 바치는 조공국이 되었다. 이후 케레이족은 AD 983년 독립운동을 일으켰으나 실패했고, AD 1025년 다시 한 번 요나라에 대항했으나 실패하였다. AD 1090년에도 다시 독립운동을 했으나 결국 실패하고 조복연맹의 칸이 요나라의 수도 상경에 포로로 잡혀가 토막 살해를 당하게 되었다. 그런데 당시 역사기록을 보면 만주에는 '발해'라는 강력한 국가가 존재했었다. 그러나 백두산이 화산폭발을 하면서 발해의 주요 도시는 파괴되었고 화산재로 인해 흉작이 계속되었다. 이후 국력이 쇠하다가 결국 요나라의 침략을 받고 AD 925년 멸망한 것으로 되어 있다. 그렇다면 같은 시기, 같은 장소에 존재하다 요나라에 멸망한 발해와 케레이족은 어떤 관계일까?

---

27) 위의 책, pp. 18~19.
28) 같은 책, p. 20.

표 14 만주에서 벌어진 발해국의 독립운동과 케레이족의 독립운동 연도 비교

항쟁시기	케레이족	발해의 독립운동
1차 항쟁	924년	AD 924년 요나라 침입, AD 925년 멸망
2차 항쟁	983년	AD 986년 후발해 멸망, AD 938년 정안국 멸망
3차 항쟁	1026년	1030년 흥요국 멸망
4차 항쟁	1090년	없음

〈표 14〉를 보면 케레이족과 발해 유민은 거주했던 장소도 같고, 독립운동을 했던 시기도 거의 같다는 점을 알 수 있다. 따라서 케레이족은 발해 유민과 같은 민족이라고 추론할 수 있다. 케레이족은 AD 1090년에 독립운동을 한 것으로 나오지만 발해인의 독립운동에 대한 기록이 나오지 않는 이유는 3차 항쟁이 실패한 이후 발해의 왕족들과 귀족들이 고려로 대거 망명을 했기 때문이다. 그러나 카자흐스탄 역사책에 의하면 만주에서 독립운동에 실패한 케레이족은 고려로만 망명을 한 것은 아니다. 일부 케레이족은 만주를 포기하고 몽골 초원으로 이주하여 살았다. 그러다 친인척들에게 살해 위협을 받던 테무진(칭기스칸)을 보고 큰 인물이 될 것이라고 생각한 케레이족의 왕 옹칸이 그를 사위로 삼으면서 몽골 초원을 통일하고 큰 세력을 형성하였다. 그러나 옹칸이 죽은 이후 케레이족의 새 왕과 칭기스칸의 사이가 나빠져 패권을 두고 싸우다가 케레이족이 패배하여 몽골 초원에서 세력이 약해졌다. 칭기스칸이 호라즘을 정복하러 원정을 떠날 때, 몽골 초원에서 살기 불편해진 케레이족들은 대거 카자흐스탄으로 이민을 갔다.[29] 그렇다면 칭기

스칸과 함께 호라즘으로 들어가기 이전에 중앙아시아에서 카자리아를 건국했던 케레이족은 언제쯤 중앙아시아로 들어갔을까?

고조선 연방이 중국 한나라와의 전쟁으로 BC 108년에 멸망하면서 고조선의 영역에는 수많은 중소국가들이 탄생하게 되었다. 그중 한 국가였던 유연국이 돌궐제국과의 전투에서 패하여 AD 555년에 망하게 된다. 이후 유연족은 돌궐족에 쫓겨 중앙아시아로 도망갔는데 이때 넘어간 유연족이 카자리아를 건국한 것으로 보인다. 유연을 건설했던 유연족은 고조선의 일파로서 케레이족과 깊은 관련이 있었던 것 같다. 유연을 건국했던 왕족의 성씨를 보면 이들은 고구려인과 혈연관계였던 것으로 보인다. 실제로 유연국은 고구려와 긴밀한 관계를 유지하며 선비족이 세운 북위를 견제했다.

유연국 왕족의 성씨는 욱구려(郁久閭, Yùjiŭlǘ)였는데 이 성씨의 발음이 고구려를 뜻하는 무구리(畝俱理, Mŭjùlĭ)와 닮아 있다. 『범어잡명(梵語雜名)』에 의하면 중앙아시아에서는 고구려(高句麗, Gāojùlì)를 무구리라고 불렀다. 이뿐만 아니라 유연국이라는 국명 자체도 고조선의 국명과 매우 비슷한 발음을 가지고 있다. 따라서 유연국이라는 나라는 고조선 멸망 이후 세워진 또 다른 고조선이고, 고구려인과도 친인척 관계였을 가능성이 높다.

'고조선'이라는 국가명칭은 후대에 만들어진 것으로 원래 명칭은 '조

---

29) 위의 책, pp. 43~84.

표 15 유연국 지배자의 이름

대	연도(AD)	왕명	한자발음
1	402~410	郁久閭社崙 丘豆伐可汗	욱구려사륜 구두벌가한
2	410~414	郁久閭斛律 藹苦蓋可汗	욱구려곡률 애고개가한
3	414	郁久閭步鹿眞 可汗	욱구려보록진 가한
4	414~429	郁久閭大檀 牟汗紇升蓋可汗	욱구려대단 모한흘승개가한
5	429~444	郁久閭吳提 敕連可汗	욱구려오제 칙련가한
6	444~450	郁久閭吐賀眞 處羅可汗	욱구려토하진 처라가한
7	450~485	郁久閭予成 受羅部眞可汗	욱구려여성 수라부진가한
8	485~492	郁久閭豆崙 伏古敦可汗	욱구려두륜 복고도가한
9	492~506	郁久閭那蓋 候其伏代庫者可汗	욱구려나개 후기복대고자가한
10	506~508	郁久閭伏圖 他汗可汗	욱구려복도 타한가한
11	508~520	郁久閭醜奴 豆羅伏跋豆伐可汗	욱구려추노 두라복발두벌가한
12	520~552	郁久閭阿那瓌 敕連頭兵豆伐可汗	욱구려아나괴 칙련두병두벌가한
13	552~553	郁久閭鐵伐 可汗	욱구려철벌 가한
14	553	郁久閭登注 可汗	욱구려등주 가한
15	553	郁久閭庫提 可汗	욱구려고제가한
16	553~554	郁久閭菴羅辰 可汗	욱구려암나진 가한

선'이었다. 다만, 이성계가 AD 1392년 조선을 건국했기 때문에 혼란
을 피하기 위해서 BC 2333년에 건국된 조선을 옛날에 건국한 조선이
라는 의미로 '고(古)'를 붙인 것이다. 조선이라는 글자는 고대 한민족이
음차문자로 표기한 국가명칭이다. 그래서 조선을 표기한 단어는 여러

표 16 유연국을 표기한 여러 한자

한자표기	한국발음	중국발음	투르크계 발음
蠕蠕	연연	루루(Rú rú)	주안주안(Жуань-жуань)
柔然	유연	로우란(Róu rán)	조우잔(Жужан)
茹茹	여여	루루(Rú rú)	주주(Жужу)
芮芮	예예	루이루이(Ruì ruì)	조우조우(Жоужоу)
檀檀	단단	탄탄(Tán tán)	탄탄(Таньтань), 타타르

가지가 존재한다. 유연국의 발음을 보면 한국식 발음으로는 유연(柔然)이라는 한자를 '유연'이라고 발음하지만 투르크족들은 '조우잔(Жужан)'이라고 발음해서 '조선'과 발음이 유사함을 알 수 있다. 뿐만 아니라 유연을 '로우란(Rouran)'이라고도 발음하는데 이 로우란이라는 국가는 타림고원에 있었던 국가의 명칭으로 토착 백인들의 미라가 다수 발견되는 곳이다. 고조선의 명칭과 유연(로우란)의 명칭이 유사한 것으로 보아서 커에스트러가 쓴 『13번째 부족』의 내용처럼 아슈케나지 유대인들은 백인과 동양인이 섞여 있던 다민족 공동체였음을 알 수 있다. 현재 유대인의 모습도 백인의 외모와 투르크계의 외모 등 다양한 외모를 가지고 있는데 이러한 현상은 이미 고대시대 때부터 있었던 것이다.

중앙아시아에서는 고구려를 '무구리(畝俱理, Mǔjùlǐ)'라고 불렀는데 동아시아에서는 고구려를 '고려'라고 불렀다. 발해도 스스로를 '고려'라고 불렀다. 그래서 몽골인은 고대 한국인을 구린훈(몽: Гурин хун) 즉 '고려인'이라고 불렀다. 지금도 러시아에 사는 한국인을 '고려인'이라고 부른다. 케레이족의 혈통은 한 가지 민족의 모습이 아니라 백인, 황인이 동시에 나타나는 걸 볼 수 있다. 그렇게 된 이유는 이들이 유라시아에 광범위하게 흩어져 살면서 주변 민족들과 혼혈이 일어났기 때문이다. 현재 어느 쪽이 원래의 모습이었는지는 알 수 없다. 오늘날 케레이족과 관련된 민족으로 추정되는 민족은 〈표 17〉과 같다. 여기에서도 알 수 있듯이 케레이족은 유라시아 각 지역으로 흩어져 문명을 전파하는데 큰 역할을 했던 것으로 보인다. 그러나 중심지였던 중앙아시아 지역이 기후 변화와 외세의 침략에 의해 무너지면서 뿔뿔이 흩어져 버렸고 혈연적 정체성보다는 공동체 속에서 정체성을 찾았던 것 같다. 〈그림

표 17   케레이와 관련 있는 명칭

명칭	한국발음	관련민족
Керей	케레이	카자흐족
克烈(Kèliè)	커리예	중국내 카자흐족
Керейт	케레이트	카자흐족
Karaite	카라이트	유대인
Хэрээд	헤레드	몽골족
Корейц	까리예츠	한국인
Гурин	구린	고구려인(한국인)
高麗	고려	고려인(한국인)
伽羅	가라	가야인(한국인)
桂林	구이린	장족
鷄林	계림	신라인(한국인)
吉林	길림	조선족(한국인)
겨레	겨레	한국인

그림 47 같은 양식의 비석장식-위구르(왼쪽 위), 당나라 경교(왼쪽 아래), 신라(오른쪽 위), 돌궐
(오른쪽 아래)30)

47)과 같이 케레이족과 관련이 있는 민족들의 비문을 보면 모두 비슷한
양식을 하고 있는 것을 볼 수 있다. 심지어 당나라 때 동아시아로 와서 기
독교를 전파했던 네스토리우스(경교)의 비문도 스키타이계 민족의 후예
인 위구르, 돌궐, 신라와 유사하다. 이는 고대부터 실크로드를 통해 동서
로 연결되었던 이들의 교류와 긴밀한 관련이 있는 것으로 보인다.

---

30) (왼쪽 위) https://www.instagram.com/inner_asia/, (왼쪽 아래) http://qiye.zpxuan.
com:89/show/71106101012311/spw80102161044426.html, (오른쪽 위) 경주 태종무
열왕릉비, (오른쪽 아래) 경주문화관광(gyeongju.go.kr)

8

전 세계로 흩어진 케레이족

고대 유목민족들은 초원에 살면서 여러 다른 부족과도 교류했는데, 부족별로 특정 직업을 세습했던 것으로 보인다. 이러한 전통의 일부가 아직도 남아 있는데 중동의 아랍 왕조 국가들을 보면 여전히 부족별로 직업을 대대로 이어오는 경우가 있다. 일본에서도 식당이나 장인들이 수백 년 길게는 수천 년 동안 직업을 이어 온 경우를 종종 발견할 수 있다. 서양에서도 마찬가지로 성씨 중에 '베이커(Baker)'는 '제빵사'의 직업에서 내려온 성씨이며 '스미스(Smith)'는 '대장장이'에서 내려온 것이다. 고대 유목민족과 교류했던 여러 부족 중 케레이족은 종교를 담당하던 제사장 계급이었던 것으로 보인다. 그 이유는 하늘과 땅을 이어주는 태양새인 까마귀를 민족 명칭으로 쓴 것 외에도 한국의 역사서에서 찾을 수 있는 수많은 천제(天帝)에 대한 기록 때문이다.

고대 유목민족들은 부족별로 특정 직업을 세습하는 행위를 권력의 수단으로 삼았다. 하나의 국가를 완성하기 위해서는 여러 부족이 자연스럽게 합쳐져서 다민족 국가를 만들 수밖에 없었다. 각 유목민족들은

그림 48 인장과 가축의 표식

서로 섞여 살면서 귀중한 재산 중 하나인 가축을 효율적으로 관리할 필요가 있었다. 그래서 가축에 자신의 재산이라는 것을 표시하기 위해 인두로 각종 문양을 새겼다. 이들이 이렇게 표식을 했던 이유는 소유하고 있던 가축이 초원에서 서로 섞여 풀을 뜯어 어느 것이 자신의 가축인지 구별하기가 어려웠기 때문이다. 그래서 유목민족들은 재산을 지키기 위해 가축의 엉덩이에 인장을 새겼는데 이것이 후일 부족의 상징으로 발전하였고 다시 여러 부족이 통합되어서 고대국가로 발전하게 되며 지배부족의 상징이 왕실의 상징으로 발전하게 되었다. 케레이족은 십자가를 부족의 상징으로 사용했다. 그 이유는 부족의 명칭이 까마귀에서 왔기 때문이다. 까마귀가 하늘을 날 때 날개를 펼친 모습을 형상화해서 자신들의 상징으로 썼던 것이다.

고대 갑골문자로 '태양'을 뜻하는 일(日)의 갑골문자를 보면 그 모양이 가지각색으로 서로 다른 것을 볼 수 있다. 모두 태양이라는 뜻을 지닌 것과 달리 글자모양이 다른 이유는 고대 기마민족이 태양신(텡그리)이 가진 의미를 한자로 만들면서 표현했기 때문이고, 텡그리 사상에 대

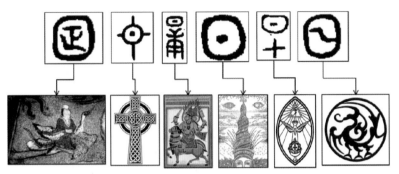

그림 49 태양을 상징하는 갑골문자와 전 세계 상징물 비교

한 여러 가지 의미가 반영되어 만들어졌기 때문이기도 하다.

〈그림 49〉의 그림을 하나씩 비교해보자. 첫 번째, 갑골문자는 태양 속에 새를 타고 앉아 있는 왕을 태양이라는 한자로 표현했는데 이러한 표현양식은 수메르, 바빌론, 페르시아 문명에서도 동일하게 나타난다. 수메르에서는 날개가 달린 태양에 왕이 활을 가지고 앉아 있는 모습으로 묘사한다.

두 번째, 십자가에 원이 그려져 있는데 이는 앞서 언급한 것처럼 태양 속의 새를 형상화한 것이다.

세 번째, 태양 밑에 있는 사람의 머리에 불이 붙은 그림은 태양으로부터 강림하는 텡그리를 상징화하는데, 고대 스키타이족은 편두를 했었다. 곱슬머리에 편두를 한 이유는 그렇게 하면 머리에 불이 붙어 있는 것처럼 보이기 때문이다. 태양숭배를 하던 고대에는 지도자를 태양의 아들이라고 생각했다. 그래서 지도자는 피지배층에게 자신이 신의 아들인 것처럼 보이기 위해 몸을 금색 혹은 붉은 색으로 장식했다. 머리를 편두로 만든 것 또한 이러한 영향에서 기인한 것이라 할 수 있다. 고대 이집트의 신들, 힌두교의 신들도 모두 편두를 한 모습을 하고 있기 때문에 이러한 사실을 알 수 있다. 그래서 고대 한국 왕들의 왕관은 편두를 하지 않은 현대 한국인이 쓸 수 없을 정도로 매우 작았다.

네 번째, 고대에는 태양과 달을 텡그리의 왼쪽 눈과 오른쪽 눈이라고 생각해서 신이 밤낮으로 인간의 생활을 보살핀다고 생각했다. 그래서 달과 해를 눈으로 묘사했는데 이렇게 동일하게 묘사할 경우 구별이 어려웠기 때문에 태양에 햇살을 붙여 표현하거나 해(日)를 조금 더 길게 써서 초승달 모양의 달(月)로 만들어 각각의 모양을 구별했다.

다섯 번째, 앞서 언급했듯이 고대부터 텡그리는 세상을 구원하고자 하늘로부터 신의 아들이 내려온 것이라 여겼다. 그래서 태어난 아기에게 새가 접근하거나 머리, 어깨에 앉으면 신이 선택한 지도자라고 믿었다.

〈그림 49〉에서 세 번째 문자와 다섯 번째 문자의 차이를 보면 태양에서 머리에 불이 붙은 인간 또는 새(십자가)가 떨어지는 것으로 묘사가 되었다. 이렇게 묘사된 이유는 까마귀 즉 케레 자체가 신의 아들이라는 의미를 가졌기 때문이다. 따라서 머리에 불이 붙은 사람으로 묘사하건 까마귀로 묘사하건 모두 신의 아들이라는 의미이다. 여섯째 문자는 태양 속의 새로 삼족오를 묘사하고 있다.

이처럼 종교적 의미를 가지는 중요한 글자 중 하나인 태양을 보면 중국인과는 상관없는 북방 기마민족의 문화적 요소를 강하게 풍기고 있으며 많은 전통이 서양의 프리메이슨에게서도 동일하게 나타나고 있다. 이러한 현상은 일본의 가나문자(カタカナ)도 마찬가지인데 고대

일본인도 한자의 주요 부분을 빌려서 간단화한 표음문자를 만들었다. 그래서 일본 가나문자의 기원은 고대 상형문자에서 갑골문자로 그리고 현대의 한자로 발전하는 과정에서 갈라져 나온 표음문자이다. 즉 표음문자와 상형문자는 그 기원이 같았음을 알 수 있다.

최초 발원지로 추정되는 파미르 지역에서 전 세계로 흩어진 케레이족은 12세기 칭기스칸과 함께 유럽으로 들어간 사실만 알려져 있으나, 신화나 전설을 통해 그 이전부터 파미르에서 직접적으로 서쪽으로 이동하여 중동이나 유럽에 살았을 것이라는 점을 알 수 있다. 엘라모-드라비다설에서 보았듯이 파미르 고원에서 서쪽으로 이동한 교착어 계통의 언어를 썼던 수메르인 또한 문명을 건설하는 과정에서 동양으로 문명을 전파한 자들과 동일한 기술 종족에 의해 문명을 건설했을 가능성이 있다. 일본에서는 한반도와 관련이 있는 고대 왕릉에서 메소포타미아에서 만든 칼이 발견된 적도 있다.

이처럼 고대에는 동양과 서양이 별개의 문명이 아니라 파미르를 중심으로 하나의 거대한 공동 문명이 존재했을 가능성이 있다. 그래서 고대 수메르 문자나 히브리 문자를 보면 한국어, 일본어와 유사한 패턴을 가지고 있음을 발견할 수 있다. 현재 고대 히브리어가 어떤 언어였는지 알 수 있는 자료는 극히 적으나 성경의 기록과 여러 정황으로 미루어 볼 때 이들은 교착어를 썼을 것으로 추정된다. 그 이유는 첫째, 아브라함이 알타이계 언어를 사용했던 수메르 제국의 도시 중 하나인 우르지방 출신이었다는 점. 둘째, 히브리 문자는 수메르 문자로부터 기원했다는 점. 셋째, 히브리인의 종교관과 철학이 그리스-로마인의 사고방식처럼 추상적이기 보다는 고대 동양의 철학 사상처럼 실체적이었다는 점이다.

현대 히브리어의 역사는 매우 독특한데, 유대인이 팔레스타인 지방에 이스라엘을 건국하던 당시 이미 히브리어는 죽은 언어가 되어버려 사용하는 사람이 없었다. 나라를 잃어버리고 2천 년 동안 유랑생활을 하면서 유대인은 자신들이 거주했던 지역의 민족들과 문화적·인종적으로 혼혈되고 함께 살게 되었다. 이에 따라 히브리어는 현지의 단어, 문법 등에 영향을 받으며 제각각 다른 변화의 길을 걸어 그 원형을 찾을 수 없을 만큼 변질되어 버린 것이다.

시오니즘이 활성화되면서 유대인 학자들은 통일된 히브리어를 만들기 위해 노력하게 되는데 엘리에제르 벤 예후다(Eliezer Ben-Yehuda, 1858~1922)31)라는 유대인 학자는 사라진 고대 히브리어를 복원하고 보급하는데 헌신의 노력을 다하여 현대 히브리어를 확립하는 데 혁혁한 공을 세웠다. 1886년에는 최초로 리숀 레지온(Rishon Lezion)에 히브리어 학교를 세웠는데 당시에는 유대인 사회 내에서도 사용하지 않는 죽은 언어를 표준어도 확립되지 않은 상태에서 가르치는 것에 대해 반

---

31) 엘리저 벤 예후다(Eliezer Ben Yehuda)는 엘리저 잇차크 펄먼(Eliezer Yitzhak Perlman)에서 태어나서 동유럽의 다른 유대인들처럼 세 살 때부터 히브리어와 성경을 공부하는 체더에 참가했다. 그의 부모는 그가 랍비가 되기를 희망하여 예시바(Yeshiva)에게 보냈다. 그곳에서 고대 히브리어를 계속 공부하면서 프랑스어와 독일어, 러시아어도 학습했다. 뒤나부르크로 이사하고 나서 그는 히브리어 신문 하샤하르(Hashahar)를 읽으면서 시온주의를 접하게 되었다. 그후 그는 이스라엘 땅에 히브리어를 부활시키고 전 세계의 모든 유대인을 하나로 묶을 수 있을 것이라 생각하게 되었다.(출처: 위키피디아)

대하는 사람들도 있었다. 이곳에서는 히브리어 선생이 학생들에게 아 슈케나지 히브리어(Ashkenazi Hebrew, Yiddish)와 세파르딤 히브리어 (Sephardic Hebrew)를 가르쳤다.

이처럼 현대 히브리어는 시작부터 많은 진통을 겪었는데 그 이유는 유럽에 살면서 서구화된 사고방식을 가지게 된 유대인이 고대 히브리인 의 세계관에 대해서 잘 이해할 수 없었기 때문이다. 이러한 현상은 오늘 날에도 존재하는데 한국의 선불교를 서양인에게 영어로 설명한다는 것 은 매우 어려운 일이다. 한자를 이해하지 못하는 서양인에게 동양철학 을 말한다는 것은 힘들다. 그래서 서구의 사고방식으로 토라나 구약성 경을 정확히 해석하는 것은 매우 어려운 일이다. 예를 들어 창세기 (Genesis) 1장 1절에 나오는 레쉬트(תישאר)를 영문판 성경에서는 시작 (Beginning)으로 번역을 하는데 원래 고대 히브리어로 레쉬트란 '어떤 행 사의 시작(A beginning of an event)'이라는 의미와 '최상의(The best of something)'라는 두 가지 의미로 사용되었다. 예를 들어 민수기(Numbers) 18장 12절의 구절을 영어로 번역한 여러 종류의 성경들을 보면 조금씩 해석이 다르나 공통점을 볼 수 있는데 다음과 같다.

그들이 여호와께 드리는 그 땅의 처음 익은 모든 열매는 네 것 이니 네 집에서 정결한 자마다 먹을 것이다.

• Numbers 18:12(KJ21)
All the best of the oil, and all the best of the wine and

of the wheat, the first fruits of them which they shall offer unto the Lord, them have I given thee.

• Numbers 18:12(ASV)

All the best of the oil, and all the best of the vintage, and of the grain, the first fruits of them which they give unto Jehovah, to thee have I given them.

• Numbers 18:12(AMP)

All the best of the oil, and all the best of the (fresh) wine and of the grain, the first fruits of what they give to the Lord, to you have I given them.

• Numbers 18:12(CEB)

All the choice oil, new wine, and the grain's first harvest that they give to the Lord, I'm giving to you.

고대 히브리어 경전을 고대 그리스-로마인들이 인도-유럽어족의 관점에서 번역하게 되면 그 단어의 본뜻을 살리면서 해석하기가 굉장히 어렵다. 그 이유는 고대 히브리어 단어들이 한자처럼 조합을 통해 만들어진 단어이기 때문이다. 그러나 한국인인과 일본인들은 교착어를 사용하면서 문자로는 한자를 함께 사용했기 때문에 고대 히브리 단어들을 해석하는데 비교적 용이하다. 예를 들어 창세기(Genesis) 1장 1절에 나오는 레쉬트라는 단어에 정확히 대응하는 한글 단어를 찾는 것은 고대로부터 하늘에 제사를 지내왔던 문화를 가진 한국인의 시각에서 보았을 때는 그다지 어려운 일이 아니다. 레쉬트에 대응하는 정확한 한국어 단어는 바로 '햇과일', '햇반', '햇곡식'이라고 말할 때 쓰는 '햇'이라는 단어이다. '햇'은 '해(Sun)'에서 갈라져 나온 것으로 봄에 씨를 뿌려 가을에 얻는 첫 수확물을 하느님과 조상에게 바치는 제사에 사용할 때 쓰던 최상의 신선한 음식을 표현할 때 쓰던 단어이다. 즉 한국어의 '햇'은 고대 히브리어 '레쉬트'처럼 신 또는 조상에게 바치기 위해 가장 품질이 좋은(The best) 첫(Beginning) 수확물에 사용하던 단어인 것이다. 물론 '햇'이라는 단어가 항상 긍정적으로만 쓰이지는 않는데 예를 들어 막 태어난 새끼 병아리라는 뜻으로 '햇병아리'라는 단어를 사람에게 사용하면 회사 또는 조직에 막 들어와서 일이 서투른 사람(Beginner)이라는 표현도 된다.

또 다른 예로 '창조(Create)'로 번역되는 히브리어 단어 '바라(ברא)' 역시 다른 의미로 번역되는 예가 많다. 1st Samuel 2:29를 보면 "Why do you scorn my sacrifice and offering that I prescribed for my dwelling? Why do you honor your sons more than me by fattening yourselves on the choice parts of every offering made by my people Israel?"[32](너희는 어찌하여 내가 나의 처소에 명한 나의 제물과 예물을 밟으며 네 아들들을 나보다 더 중히 여겨 내 백성 이스라엘이 드리는 가장 좋은 것으로 스스로 살찌게 하느냐?)[33]

라는 구절에서 나오듯 창조와는 전혀 상관없는 단어로 사용되고 있다. 영어 단어 'fattening'이라는 단어를 한국어로 그대로 번역해 버리는 바람에 그 의미가 완전히 본뜻에서 벗어나 버렸을 뿐만 아니라 한국어로도 의미가 명확하지 않다. 이는 바라라는 단어를 영어로 정확하게 번역할 수 없기 때문에 생기는 오류이다. 이처럼 한번 왜곡되어 번역된 라틴어판 성경을 다시 영문으로 번역하면서 또 왜곡되고 다시 한국인들이 한국어로 번역하다 보니 도대체 무슨 말인지 의미를 알 수 없게 되어 버리는 구절들이 많다.

하지만 영문판이나 한글판 성경을 보지 않고 바로 고대 히브리어로 쓰여진 성경을 한국어로 번역을 하게 되면 본뜻에 가까운 의미를 파악할 수 있다. 한국어로 '바라'를 번역하면 바로 '번창(繁昌)' 즉 영어로 'Thrive'의 의미에 더 가깝다는 것을 알 수 있다. 따라서 1st Samuel 2:29를 히브리어 원문을 바탕으로 해서 한국어로 번역해보자면 "너희는 어찌하여 나의 신전에 바치기로 약속한 제물과 예물을 주지 않고 무시하는가? 왜 너희는 너희의 아들들을 나보다 더 소중히 여기며 나의 백성 이스라엘인들이 정성스럽게 제공한 모든 예물들을(신에게 바치는 대신 너희가) 받아 번영을 꾀하려 하느냐?"가 더 원문에 가까운 의미가 아닐까 생각한다.

이처럼 고대 히브리어는 한국어와 유사한 점을 가지는데 그 이유는

32) http://www.biblegateway.com/passage/?search=1Samuel%202:29&version=NIV
33) http://www.ss-ch.com/bbs/board.php?bo_table=bgroup8_5&wr_id=412&page=216

바로 고대 히브리 단어의 기원이 상형문자를 기초로 해서 만들어졌기 때문이다. 이로 인해 각각의 히브리 단어는 그 단어 속에 의미가 포함되어 있는데, 예를 들어 고대 히브리어로 '아빠'는 '아브(אב)이고 '엄마'는 '엠(אם)', '아들'은 '벤(בן)'이다. 이 글자를 현대 히브리 알파벳으로 기록하게 되면 그 의미가 무엇인지 정확히 파악하기가 힘들다. 현대 히브리 알파벳은 변천과정에서 상형문자의 원래 형태로부터 많이 변형되었기 때문이다.

〈그림 50〉은 고대 히브리어가 어떻게 수메르 문자로 쓰였는지 보여주며 오른쪽의 단어는 이런 고대 수메르 상형문자로 어떻게 단어를 만들었는지 보여준다. 먼저 아버지는 고대 히브리어로 '아브'인데 상형문자로는 소머리와 천막을 결합해서 만든 단어임을 알 수 있다. 여기서

Ancient Hebrew							Modern Hebrew		
Early	Middle	Late	Name	Picture	Meaning	Sound	Letter	Name	Sound
			El	Ox head	Strong, Power, Leader	ah, eh	א	Aleph	silent
			Bet	Tent floorplan	Family, House, In	b, bh(v)	ב	Beyt	b, bh(v)
			Gam	Foot	Gather, Walk	g	ג	Gimal	g
			Dal	Door	Move, Hang, Entrance	d	ד	Dalet	d
			Hey	Man with arms raised	Look, Reveal, Breath	h, ah	ה	Hey	h
			Waw	Tent peg	Add, Secure, Hook	w, o, u	ו	Vav	v
			Zan	Mattock	Food, Cut, Nourish	z	ז	Zayin	z
			Hhet	Tent wall	Outside, Divide, Half	hh	ח	Chet	hh
			Tet	Basket	Surround, Contain, Mud	t	ט	Tet	t
			Yad	Arm and closed hand	Work, Throw, Worship	y, ee	י	Yud	y
			Kaph	Open palm	Bend, Open, Allow, Tame	k, kh	כ	Kaph	k, kh
			Lam	Shepherd Staff	Teach, Yoke, To, Bind	l	ל	Lamed	l
			Mem	Water	Chaos, Mighty, Blood	m	מ	Mem	m
			Nun	Seed	Continue, Heir, Son	n	נ	Nun	n
			Sin	Thorn	Grab, Hate, Protect	s	ס	Samech	s
			Ghah	Eye	Watch, Know, Shade	gh(ng)	ע	Ayin	silent
			Pey	Mouth	Blow, Scatter, Edge	p, ph(f)	פ	Pey	p, ph(f)
			Tsad	Man on his side	Wait, Chase, Snare, Hunt	ts	צ	Tsade	ts
			Quph	Sun on the horizon	Condense, Circle, Time	q	ק	Quph	q
			Resh	Head of a man	First, Top, Beginning	r	ר	Resh	r
			Shin	Two front teeth	Sharp, Press, Eat, Two	sh	ש	Shin	sh, s
			Taw	Crossed sticks	Mark, Sign, Signal, Monument	t	ת	Tav	t

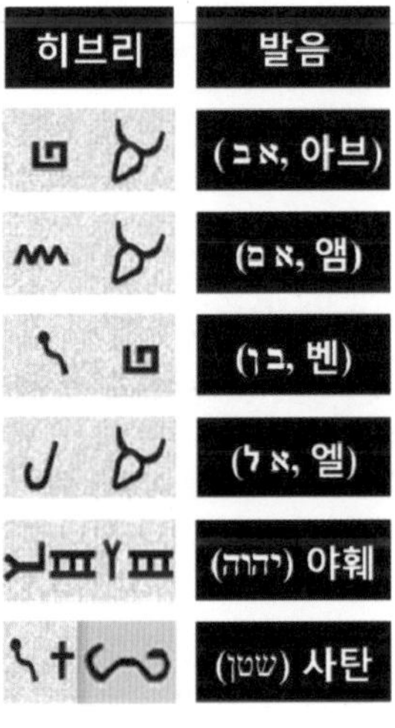

그림 50 히브리어의 원형인 수메르 문자와 고대 히브리 단어들

'소머리'는 권위, 힘을 상징하며 '천막'은 집을 뜻한다. 즉 '아브(한국어: 아빠, 현대 히브리어: 아배)'란 집안의 가장이라는 의미로 사용했음을 알 수 있다. 어머니의 뜻인 '엠(한국어: 엄마, 현대 히브리어 엄마)'도 소머리와 물로 구성이 되어있는데 물은 보통 '연결'이라는 의미를 가진다. 따라서 '엠'이란 가장과 연결되어 있는 사람, 즉 '엄마'임을 알 수 있다. 아들(벤)은 천막과 씨앗의 결합으로 만들어졌는데 그 의미는 집안의 후손이라는 의미이다. 따라서 고대 히브리인들은 단어를 만들 때 한자처럼 의미를 조합하여 단어를 만들고 발음했음을 알 수 있다.

표 18 히브리 단어의 조합 방식과 한자 조합 방식의 비교

히브리어(발음)	한자(발음)	의미
מלך(마라흐)	統治者(통치자)	통치하다, 왕
מלכה(말카)	女性統治者(여성통치자)	여왕
מלוכה(말루하)		충성
מלכות(말쿠트)	統治國(통치국)	국가

〈표 18〉은 히브리어와 한자어가 각각의 의미를 가진 단어를 조합해서 만드는 원리가 같음을 보여준다. 특이한 점은 지도자를 뜻하는 단어가 고대 히브리어에서도 '**마라**흐'로 한국에서 지도자를 말할 때 쓰는 '우두**머리**'와 비슷한 발음을 가지고 있다는 점인데, 투르크계 언어에서도 지도자를 지칭할 때 바스쉬(басшы)라고 해서 수장(首將)이라고 말한다. 고대 히브리어의 '마라'가 한국어의 '머리(head)'와 같은 의미를 가

졌는지는 모르지만, 고대 히브리문자가 한자처럼 조합을 통해 만들어지는 원리를 가지고 있는 것으로 보아 같은 어원에서 왔을 가능성도 있다고 본다. 왜냐하면 한국어 '머리'라는 단어는 단순히 신체적 '머리(首)'라는 의미 외에도 지도자라는 의미를 가지고 있기 때문이다. '마라흐'를 현대 히브리 알파벳이 아닌 고대 상형문자로 풀어서 보면 '**마**(물, 여성을 상징) + **라**(지팡이, 권위를 상징) + **흐**(못, 기둥을 상징)'로 모계사회 때의 여성 지도자를 의미하고 있음을 발견할 수 있다.

고대 유목민족의 천막에는 물건을 놓는 장소가 정해져 있었는데 모계사회 때에는 여성이 부족의 지도자로서 권위를 보이기 위해 황소 또는 순록 뿔관을 썼다. 고대 신라의 여왕도 황금으로 만든 순록왕관을 썼으며 야쿠티아 여성샤먼들은 지금도 순록 뿔을 머리에 장식하는 풍습을 가지고 있다. 따라서 모계사회 때의 유목민족 사회와 고대 수메르 상형문자 단어의 의미를 동시에 고려해서 보면 고대 히브리의 지도자와 한국의 지도자였던 우두머리는 여성 지도자였음을 알 수 있다. 전 세계적으로 중세사회에 진입하면서 여성의 사회적 지위가 낮아지고 남성 위주의 사회로 변환이 되었음에도 불구하고 신기하게도 한국여성과 유대인 여성들이 가지는 가정에서의 지위는 매우 높은 편이었다. 아버지가 가장이라고 하지만 실질적인 힘과 권력이 어머니에게서 나오는 점, 결혼을 하고도 여성의 성을 남편의 성으로 바꾸지 않는 점 등을 보면 고대에 여성이 지도자가 되는 것은 일반적이었던 것으로 보인다. 다만 히브리어로 충성(Loyalty)을 나타내는 '말루하'라는 단어는 한자로 '통치'라는 단어와 조합해서 만들어진 글자는 없지만 충성(忠誠)이라는 별도의 단어가 존재한다(〈표 18〉 참조). 그러나 한국어로 충성을 맹세할 때 '머리를 조아린다'와 같이 '머리'라는 단어를 사용하고 있어 서로 상관관계가 있을 가능성을 더해 준다.

9
중앙아시아의 케레이족

만주에서 독립운동에 실패한 이후 일부 케레이족은 몽골 초원으로 이동해서 살았는데 12세기에 케레이족의 지도자였던 옹칸은 친척들에게 살해 위협을 당하면서 도망쳐 다니던 테무진을 찾아 보호해주었고 자신의 딸과 결혼시켜 칭기스칸의 칭호까지 받게 할 정도로 든든한 후원자가 되었다. 비록 정치적 갈등 때문에 옹칸은 칭기스칸에 의해 죽지만 칭기스칸의 후예들은 모두 칭기스칸 사후 몽골 초원의 지배자가 되었다(예: 오고타이칸, 바투칸, 쿠빌라이칸 등). 또한 몽골제국은 멸망할 때까지 왕자가 있으면 케레이족의 공주와 결혼을 했고 공주가 있으면 고려국의 왕자와 결혼시켰다.

이러한 상관관계만 보아도 케레이와 고려는 같은 동족이었다는 것을 12세기 몽골족이 알았던 것으로 보인다. 비교언어학적으로 보아도 케레이족을 중국어로는 커리예(克烈)라고 불렀는데 러시아 사람들은 한국인들을 까리예츠(Kopeu)라고 불러 커리예와 까리예는 비슷한 발음을 가지고 있으므로 동족임을 알 수 있다. 특히 카자흐스탄에 사는 케레이족 중에는 자신들이 만주에서 왔으며 한국인과 동족이라는 사실을 구전으로 전해 들어 알고 있는 사람들이 일부 존재하고 있다.

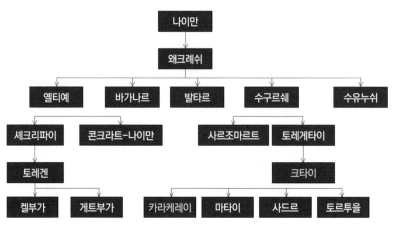

그림 51 케레이족의 여러 갈래들

카자흐스탄에는 '주스'라는 정치제도가 있었는데 이 제도를 보면 나이만 부족 밑에 크타이가 있고 그 밑으로 카라케레이가 있다. 이 카라케레이는 한국 역사에서 숙여진(熟女眞)에 해당하는 부족으로 추정된다. 발해가 거란에 멸망하면서 발해인은 두 개의 부류로 나뉘는데 생여진(生女眞)은 거란의 통치를 끝까지 거부하며 러시아의 연해주로 이동해 독립운동을 했던 부족으로 후일 금나라와 청나라를 세웠고 숙여진(熟女眞)은 만주에 그대로 남아 거란의 통치를 받았던 부족이다. 숙여진은 후일 생여진이 건국한 금나라에 의해 거란족의 요나라가 망하자 일부 거란족이 카자흐스탄에 와서 카라키타이(서요, 西遼)를 건국하던 시기에 함께 이주해 온 뒤 거란 밑에 카라케레이로 배속되었던 것이 오늘날까지 남은 것으로 보인다. 그러나 카자흐스탄에는 거란에 대항해 항복하지 않고 끝까지 싸웠던 생여진도 존재했는데 이들이 바로 케레이족이다. 발해 멸망 이후, 거란에 대항해 싸우다가 실패한 생여진의 일부는 연해주로 가고 일부는 몽골 초원으로 갔다가 카자흐스탄으로 들어간 것이다.

오늘날 러시아인은 중국을 키타이(Китай)라고 부르는데 이는 잘못된 표현이다. 원래 '크타이'란 단어는 거란족을 부르던 기탄(契丹)에서 유래한 것으로 러시아인이 착각해서 중국인을 거란족이라고 부르게 되었고 그것이 오늘날까지 내려오고 있는 것이다. 중국인은 오히려 이것을 이용해 거란인이 중국인이었다고 주장하고 있으나 사실이 아니다.

〈그림 51〉을 보면 나이만 밑에 카라케레이(숙여진)가 있는 것을 볼 수 있는데 카라케레이와 같은 일파인 케레이는 나이만 밑에 있는 것이 아니라 독자적으로 크스 주스에 존재하고 있다(〈그림 52〉 참고). 이렇게 같은 부족이라도 다른 지역에 속하게 되는 것은 자신이 거주하는 지역이 행정적으로 어디에 포함되느냐에 따라 부족을 재편성해서 통합시키다 보니 나타난 현상이다. 예를 들어 나이만 부족과 케레이들은 불가리아와 몽골에도 있는데 이들은 오르타 주스, 울루 주스식으로 분류가 되지 않고 독자적인 부족으로 존재하고 있다.

카자흐인은 주스제도가 중국에서 유래한 것으로 알고 있는데 이는 현재 중국이 자국에 유리하게 정치, 역사, 사회, 문화를 전 세계에 소개하고자 만든 공자학원(孔子學院, Confucius Institute)에서 나온 자료 때문

그림 52 카자흐스탄의 주스제도

에 생긴 것이다. 2011년 1월 14일자 ≪젤라바이 카자흐스탄(Деловой Казахстан)≫이라는 신문에는 술탄 아킴베코바(Султан Акимбекова)라는 유명한 학자가 카자흐스탄 주스의 기원에 대해서 글을 썼는데 요약하면 아래와 같다.

　　1991년 소비에트연방의 붕괴 이후, 마르크스-레닌주의적 역사관은 구시대적 유물로 남게 되었으며, 독립국가인 카자흐스탄은 새로운 역사적 해석과 정체성을 수립해야 할 때가 왔다. 그런데 카자흐스탄은 아직 이러한 정체성을 수립할 수 있는 사상적 기반을 가지고 있지 못하다. 특히 일부 재야사학계에서 말하는 주스의 기원이 고대로부터 왔다는 주장은 신화를 역사적 사실로 취급하려는 아마추어적 성향이 있어 적합하지 않다. 카자흐스탄의 주스의 기원은 BC 3세기, 중국의 춘추전국시대로 거슬러 올라가며 이때 중국인들이 처음으로 종교와 정치를 결합한 통치제도를 확립했다. 이 제도가 후일 몽골제국에 도입되었으며 중앙아시아에 전래된 것이다. 카자흐스탄에 주스제도가 성립된 것은 AD 17세기 때로 당시 중가르족의 침략에 대항하기 위해 카자흐, 몽골, 노가이족이 정치적 필요성에 의해 만든 것이다.

위의 기사를 보면 카자흐스탄 역시 한국처럼 독립 이후에도 식민지교육의 영향에 의해 자신들의 역사를 신화화하며 카자흐족의 역사가 AD 15세기에 시작했다고 생각하는 사람들이 대부분이다. 그러나 카자흐스탄의 주스제도는 중국에서 온 것이 아닌 기마민족의 전통이었다.

카자흐스탄의 주스제도는 고조선의 제도와 같다는 사실을 알 수 있는데 〈표 19〉를 보면 두 민족이 가지고 있었던 명칭과 제도의 발음이 상당히 유사하다. 『한단고기』를 보면 카자흐족의 조상이 되는 삭족과

표 19 한국의 고조선과 카자흐스탄 주스의 공통점

	고조선	카자흐스탄
조상민족	색(色)	삭(塞)
발원지	파미르고원	파미르고원
3분할 제도 명칭	조선	주스(주잔에서 유래)
지도자	단군(또는 당골래)	텡으로(또는 텡그리)
신분제도	적부인, 백부인, 남부인, 황부인	적색, 백색, 남색, 황색
수도	아사달	아스타나

한국의 색족이 같은 민족일 가능성이 있다. 임승국의 『한단고기』를 보면 파나류산 밑에 하느님의 나라가 있었다고 하며 남북 5만 리 동서 2만 리의 거대한 국가였는데 이 지역에 살던 사람들을 색족이라 불렀다고 한다. 그리고 색족은 단일민족이 아니었던 것으로 보인다. 색족은 네 종류의 사람들로 구성이 되었는데 몽골계로 보이는 황부인과 적부인이 있었으며 코카서스계로 보이는 황부인, 인도인이나 동남아시아인처럼 보이는 남부인으로 구성되었다 한다.

> "사크 왕국의 사회에는 신분계급이 있었는데 제1계급은 왕과 귀족, 제2계급은 제사장, 제3계급은 목동과 농민, 제4계급은 노예였다. 이들은 복장을 계급에 따라 다르게 입었는데 왕과 귀족은 적색, 제사장은 흰색, 목동과 농민은 황색과 푸른색의 옷을 입었다."[34]

한국의 색족과 카자흐의 삭족은 모두 동일한 지역에서 기원하여 동과 서로 흩어져 간 민족이라고 판단할 수 있다. 카자흐의 삭족은 여러 가지 명칭으로 불렸는데 '사카', '스키프', '스키타이'라고 불렸다. 현재 유럽 학계에서는 스키타이를 인도-유럽어족이라고 분류하고 있는데 스키타이족은 알타이계어 언어도 사용했다. 그 증거로 알마티 근처에서 발견된 이식 쿠르간의 청동거울이 있는데 거울에 새겨진 탐가 문자

---

34) 카자흐스탄 역사, 철기시대 사크왕국(Темір Дəуіріндегі Қазақстан Сақ Тайпалары)

를 번역한 결과 이들은 알타이계 언어를 사용했다는 것을 알 수 있었다. 앞에서 카자리아의 언어와 야쿠티아 주에 있는 사하족의 언어가 비슷하다고 언급했는데 그 이유는 알타이계의 언어에서는 'ㅋ'의 발음이 'ㅎ'로 변하는 경우가 많기 때문으로 '사카족'과 '사하족'은 같은 민족인 것이다. 따라서 스키타이족의 언어에는 인도-유럽계 언어뿐만 아니라 알타이계 언어도 있었음을 알 수 있다.

스키타이인이 인종적으로도 아시아계 혼혈 인종이라는 사실이 최근에야 판명되었다.[35] 이를 증명하는데 이렇게 오랜 시간이 걸린 이유는 러시아 때문이다. 러시아인이 중앙아시아와 시베리아를 점령 후 자신들의 지배를 정당화하기 위해 유라시아 대륙에 살았던 스키타이인을 슬라브족의 조상 민족으로 삼고, 카자흐족은 12세기 칭기스칸과 함께 들어온 이후 15세기에 탄생한 민족으로 역사를 단축시켜서 전 세계 역사학계에 발표해버렸기 때문이다. 그래서 아직까지도 스키타이인을 인도-유럽계 민족인 것으로 생각하는 사람들이 많다.

러시아의 역사학자들은 스키타이인이 유럽인이었다는 주장을 위해 이식쿠르간의 미라를 상트페테르부르크에 있는 에르미타쉬 박물관으로 옮긴 후 갑자기 분실했다고 발표하였다. 현재까지도 미라가 어디에 있는지 알 수가 없다. 다행히도 소비에트 통치가 끝나고 파지리크 쿠르

---

35) 알타이 자치공화국 학자와 러시아 학자 사이에 있었던 얼음공주의 인종에 대한 논쟁은 노보시비르스크 유전학 연구소의 루드밀라 오시뽀바 박사에 의해서 얼음공주의 유전자를 채취해서 검사한 결과 아시아인으로 판명되었다.

간이 발견되는 바람에 더 이상 역사 조작을 하지 못하게 되면서 최근에야 진실이 규명되었지만, 중앙아시아 국가들이 경제적으로 가난하고 러시아에게 정치적, 경제적으로 의존하다 보니 이런 문제에 대한 개선이 이루어지지 않고 있다. 마치 중국인이 현재 자신들이 점령한 영토에 대해 정당성을 주장하기 위해서 주변 민족의 역사를 모두 중국사로 편입시키고 이에 반발하는 국가에게는 경제적으로 불이익을 주는 것처럼 러시아인 역시 같은 일을 벌이고 있다.

원점으로 돌아가서 15세기 카자흐스탄에서는 중가르족의 침략에 맞서 싸우기 위해 부족끼리 연대하는 주스제도가 만들어졌는데 이때의 주역이 바로 케레이한(Керей хан)과 자니벡한(Жәнібек хан)이었다. 케레이한은 칭기스칸의 후예였다. 앞서 말했듯이 몽골제국은 대대로 케레이와 정략결혼을 하며 관계를 유지해 왔으므로 카자흐스탄에 간 케레이들이 근대 카자흐스탄을 건국하는 데에도 중요한 역할을 했다는 사실을 알 수 있다.

인류 문명과 종교의 기원을 찾아서

샤먼 바이블

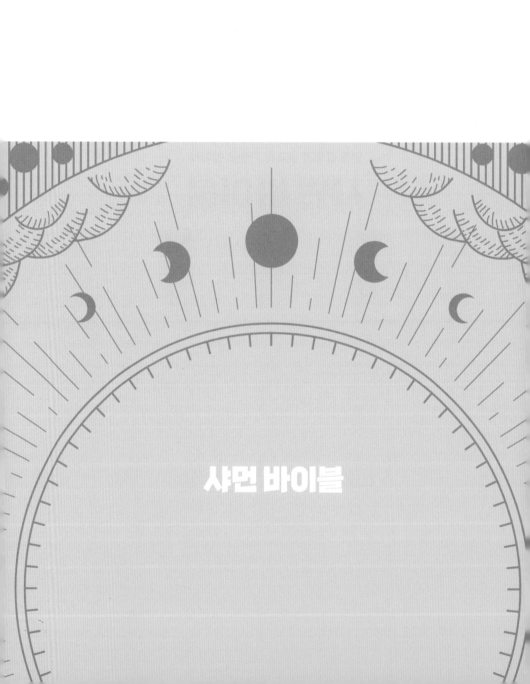

샤먼 바이블

제3장

천문을 이용한
종교의 발전

1

천손강림 사상과
기독교 메시아 사상의 유사성

    유라시아 유목민은 지도자가 하늘에서 내려온다고 믿었다. 고대 중국문헌에도 중원의 지도자를 천자(天子)라고 표기하고 있다. 그 이유는 중원을 지배했던 민족들이 한족이 아닌 북방민족이었기 때문이다.

    터키 역사학자인 카림 마르샨(Kazim Mirshan)에 의하면 고대 투르크족의 지도자가 탄생하는 신화에서 일련의 동일한 패턴이 있다고 한다. 그것은 하느님인 텡그리가 투르크족의 지도자로 적절한 사람을 지상으로 내려 보내준다는 믿음이다. 케레이족의 상징인 십자가는 까마귀를 상징화해서 만들어진 것인데 까마귀는 고대부터 현재의 샤머니즘에 이르기까지 신과 인간을 연결해 주는 메신저 역할을 한다고 여겼다. 따라서 지상에 태어나는 영웅의 영혼은 까마귀를 타고 하늘에 오르거나 내려간다고 믿었다. 그래서 이러한 영웅탄생의 신화를 십자가에 비유해서 표현하는데 그 의미는 다음과 같다.

그림 53 텡그리 십자가

표 20 영웅탄생신화의 주요코드

명칭	의미
오즈(OZ)	신의 지시에 의해 지상으로 내려옴
오크(OK)	인간여인의 몸을 빌려 인간으로 탄생함
오그(OG)	인간세계의 지도자가 됨
우슈(USHU)	육신은 불태워지고 영혼은 하늘로 승천

〈표 20〉의 내용을 보면 케레이족의 영웅탄생 신화가 예수탄생 신화와 매우 유사한 것을 알 수 있다. 그 이유는 아마도 유대인과 케레이족이 대홍수 이후 한동안 파미르에서 살았기 때문에 공유하게 된 개념이 아닌가 추정된다. 뿐만 아니라 성당이나 절의 벽화를 보아도 각각의 종교에서 말하는 신 혹은 성자의 탄생개념이 같다는 것을 알 수 있다. 〈그림 54〉를 보면 불교의 만다라 그림과 카톨릭의 만도르라, 동방기사단의 상징들이 모두 같은 구도로 그려진 것을 볼 수 있다. 모두 타원형의 원 안에 성자 혹은 비둘기가 있는 것으로 묘사하고 있다.

기독교의 비둘기가 샤머니즘에서는 까마귀로 묘사되고 그것을 영웅 즉 성인이 타고 오르내린다는 생각이 있으니 새의 종류가 중요한 것이 아니라 조류라는 공통분모가 이들의 종교관에 있다는 사실이 중요하다. 아메리칸 인디언의 인간탄생 신화를 보면 "하늘로부터 까마귀가 조개를 물고 지상에 내려왔는데 그 속에서 어린 아이가 태어났다."고 하는데, 이는 로마신화에서 비너스가 조개에서 태어났다는 내용과 같은 구조의 이야기임을 알 수 있다. 인간이 조개 속에서 태어난다는 이야기가 상징하는 바는 이들이 바로 북극성의 기운을 받은 태양의 자손

그림 54 천손강림으로 탄생하는 성인에 대한 공통적인 묘사

이라는 것이다. 네덜란드 에너지 기업의 로고(〈그림 54〉의 마지막 그림)에
서도 조개를 떠오르는 태양으로 묘사하고 있는데 이는 곧 조개가 태양
을 상징한다는 것을 알 수 있다. 신으로부터 태어난 천자, 즉 금성
(Venus)이라는 것을 은유적으로 표현하기 위해 사용했기 때문이다.

동양에서는 지금도 사주팔자를 보는데 그때 반드시 언급되는 사항
이 생년월일이다. 사주팔자란 사람이 언제 태어났는지에 따라서 그 사
람의 인생이 결정된다는 운명론으로, 서양의 점성술과 기본적으로는
그 개념이 같다. 점성술에서는 그 사람이 태어난 시기에 하늘에 어떤
별이 있었는지가 매우 중요하다. 동양의 만다라와 서양의 만도르라를
보면 성인이 타원 안에서 탄생하는 것을 볼 수 있는데 왜 굳이 타원으
로 표현을 했는가에 집중해보면 힌트가 있다. 많은 종교에서 성인을 타
원 안에 묘사한 이유는 바로 천문과 관련이 있기 때문이다.

〈그림 55〉는 〈천상열차분야지도〉에서 가장 중요한 부분인 태양이
지나가는 길 황도와 은하수, 북극성을 그려 놓은 천문도이다. 여기서
주목할 부분은 황도와 은하수가 교차하는 지점인 녹색 영역이다. 이 부
분이 만도라와 마도르라의 타원과 닮아 있다는 것을 발견할 수 있다.

북극성

황도 은하수

그림 55 천상열차분야지도

그리고 성인의 위치에 바로 북극성이 있으므로 전 세계 종교에서 말하는 성인의 위치는 천문에서의 북극성 위치라는 점을 알 수 있다. 실제로 지금도 한국에서는 사람이 태어날 때 인간의 영혼이 북극성에서 온다고 믿으며 죽으면 다시 그 영혼이 북극성으로 돌아간다고 믿는다. 그래서 지금도 한국어에서는 사람이 죽으면 '돌아간다'라는 표현을 쓴다. 천상열차분야지도와 만도르라를 동시에 비교하면 오늘날 만도라 혹은 만도르라의 그림이 하늘의 천문을 인간의 형상으로 바꿔 놓은 것이라는 점을 발견할 수 있다.

그림 56 만도르라와 천상열차분야지도

만도르라 그림의 아랫부분을 보면 사자와 황소가 보이는데 이것은 황도 12궁의 별자리 중 사자자리와 황소자리라는 것을 알 수 있다. 기독교의 메시아인 예수도 하나님 즉 우주에서 유일하게 움직이지 않는 중심자리인 생명을 창조하는 북극성으로부터 내려온 성인이라는 이미지가 그림에 표현되어 있다는 것을 알 수 있다.

고대 유목민족의 천손강림 사상에서는 북극성뿐만 아니라 태양과 달, 그 외 5개의 행성도 중요하다. 이것들이 바로 하늘의 신 텡그리가 지상의 인간들을 구원하기 위해 영웅을 내려 보내는 시기를 결정해 준다고 믿었기 때문이다. 그중 가장 중요한 역할을 하는 별은 단연 태양인데, 우리가 현재 어느 시대를 살고 있는지 알려주는 시간의 지표가 바로 태양이 황도 12궁 중 어느 별과 함께 뜨는지와 관련 있기 때문이다. 흔히 현재를 물고기자리 시대라고 하며 앞으로 물병자리 시대가 올

그림 57 춘분 시 태양의 일출(천문 프로그램: RedShift)

것이라는 말을 한다. 이 말의 의미는 무엇인가? 태양은 1년 동안 황도 12궁의 별을 지나간다. 한 달에 약 1개의 별을 지나간다는 뜻이다. 어느 별자리 시대라고 말하는 기준은 밤과 낮의 길이가 같은 춘분에 태양이 12궁 중 어느 별자리와 함께 뜨는지를 말하는 것이다.

〈그림 57〉을 보면 춘분 시점에 태양이 동쪽 하늘에서 뜰 때, 물고기자리(Pisces)와 함께 뜨는 것을 볼 수 있다. 태양이 1년 365일 동안 황도 12궁의 별자리를 한 바퀴 도는 것을 '소주기'라고 하며 태양이 매년 춘분 시점마다 회전하면서 황도 12궁의 별을 한 바퀴 도는 것을 '대주기'라고 한다. 대주기의 경우는 우리가 평생을 관측해도 태양이 춘분에 늘 같은 별자리와 뜨는 것처럼 보이는데 그 이유는 태양이 72년에 1도씩 옆 별자리로 움직이기 때문이다. 그래서 인간은 평생 태양이 다른 별자리로 이동하는 모습을 볼 수 없다.

대주기에서 태양이 황도 12궁을 완전히 한 바퀴 도는데 걸리는 시간은 약 25920년으로 계산식은 '360°×72년=25920년'이다. 그래서 황도 별자리 한 개당 태양이 머무는 기간은 '25920년/12궁=2160년'이다. 25920년이라는 숫자는 태양과 지구가 우주의 어느 영역에 있느냐에 따라 더 빨라질 수도 느려질 수도 있기 때문에 오차는 감안하고 봐야 한다. 현 시대를 기준으로 계산한 시간에서는 25920년이다. 2022년을 기준으로 하면 앞으로 약 138년 뒤 3월이 오면 태양이 물고기자리가 아닌 물병자리 영역에서 뜨는 것을 볼 날이 올 것이다.

다시 원래의 얘기로 돌아가서, 영웅 즉 메시아는 우주의 절대신인 하나님 즉 북극성으로부터 내려오는데 그 시점은 태양, 달 외에 5행성이 알려 주는 시기에 온다고 믿었다. 현재까지도 우리는 물고기자리 시대에 살고 있으니 AD 1년 전후부터 현재까지 유라시아 유목민족의 영웅들은 이러한 천문현상을 우상화해서 자신들의 신화를 만들고 통치를 정당화시켜 왔을 것이다. 예수탄생 신화를 보면 예수가 성모 마리아로부터 처녀 수태를 한 내용이 나온다. 이 신화와 만도르라를 동시에 보면 왜 이런 신화가 탄생했는지 발견할 수 있다. 하나님(북극성)으로부터 메시아가 내려오는 시기가 황도 12궁 중 어느 별자리인지에 따라 신화의 내용이 결정되기 때문이다.

특정한 별자리 시대라고 부르는 것은 지구를 중심으로 3월에 태양이 뜨는 모습을 관찰했을 때, 태양이 12궁 중에 어느 별자리와 뜨는가에 따라 결정된다고 앞서 말했다. 즉 태양이 물고기자리와 함께 뜨는 시기에 태어나는 유목민족의 영웅들은 물고기자리 태양의 기운을 받

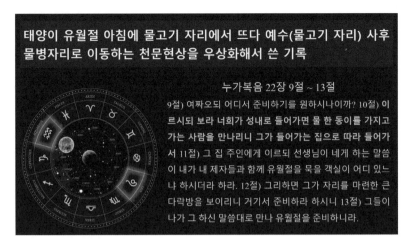

태양이 유월절 아침에 물고기 자리에서 뜨다 예수(물고기 자리) 사후 물병자리로 이동하는 천문현상을 우상화해서 쓴 기록

누가복음 22장 9절 ~ 13절

9절) 여짜오되 어디서 준비하기를 원하시나이까? 10절) 이르시되 보라 너희가 성내로 들어가면 물 한 동이를 가지고 가는 사람을 만나리니 그가 들어가는 집으로 따라 들어가서 11절) 그 집 주인에게 이르되 선생님이 네게 하는 말씀이 내가 내 제자들과 함께 유월절을 묵을 객실이 어디 있느냐 하시더라 하라. 12절) 그리하면 그가 자리를 마련한 큰 다락방을 보이리니 거기서 준비하라 하시니 13절) 그들이 나가 그 하신 말씀대로 만나 유월절을 준비하니라.

그림 58 황도 12궁과 태양의 위치

아서 태어난다고 믿는 것이다. 특히 음양론에 따라 물고기자리 시대의 태양은 반대편 별자리인 처녀자리의 영향으로 태어난다고 믿기 때문에, 이 시기에 태어나는 영웅들은 북극성으로부터 내려올 때 처녀 수태로 태어난다는 신화가 만들어지게 된다. 그렇다면 예수 이외에 다른 유목민족에도 유사한 신화가 존재하는가? 당연히 존재한다.

첫째, 부여를 건국했던 초대국왕 동명왕 신화를 보면 동명왕은 고리국(藁離國) 출신으로 어머니는 고리국의 궁전에서 시중을 드는 신분이었다고 한다. 하루는 시중이 일을 하는데 하늘로부터 빛이 내려와 그녀의 배에 닿더니 임신을 했고 왕은 이를 불길하다 생각하여 가두었다. 이후 시중이 거대한 알을 낳았는데 돼지우리, 마구간, 들판에 버렸으나 그것을 돼지나 말, 새들이 이를 밟거나 먹지 않고 오히려 보듬어서 알속에서 동명왕이 태어났다.

둘째, 고구려를 건국했던 고주몽 신화로 여기서는 하느님의 아들인 '해모수'라는 인물이 등장한다. 주몽의 어머니인 유화가 해모수와 관계를 가지게 되었는데 이를 안 아버지 하백이 분노하여 딸인 유화를 귀양 보냈다. 동부여의 금와왕이 유화부인을 불쌍히 여겨 궁궐에서 살게 했는데 그녀가 궁궐에서 지내는 동안 햇빛이 계속 그녀를 따라다니며 비추는 신기한 현상을 목격했다. 이후 유화부인은 거대한 알을 낳았는데 금와왕은 이를 불길한 징조로 여겨 돼지우리, 마구간, 들판에 버렸으나 어느 동물도 이를 해하지 않아 할 수 없이 유화부인에게 돌려주었다. 이후 유화부인이 알을 품어 주몽이 태어났다.

셋째, 몽골족의 기원 설화인 '알랑고아 전설'을 보면 알랑고아가 천막에 있을 때 하늘의 빛이 뱃속으로 들어와 임신을 해서 낳은 아이가 몽골족의 조상이 되었다고 한다.

넷째, 만주족의 시조는 백두산 동쪽 포고리산(布庫哩山)에 있는 연못에서 하늘에서 내려온 선녀들이 목욕을 하고 있을 때, 신령한 까치가 붉은 과일을 물고 와서 한 선녀의 옷에 놓고 갔다. 목욕을 끝낸 선녀가 그 과일을 먹고 임신을 하게 되어 애를 낳았는데 그 아이는 태어나자마자 말을 하였고 몸과 얼굴의 생김새가 기이하였다. 애를 낳은 선녀는 그 아이에게 애신각라(愛新覺羅)라는 성과 포고리옹순(布庫哩雍順)이라는 이름을 지어 주었다.

이처럼 유라시아 기마민족의 신화에서도 예수탄생 신화와 동일한 이야기가 나온다. 특히 동명왕 신화를 보면 처녀 수태뿐만 아니라 돼지우리, 마구간에서 키워졌다는 내용이 나와 매우 유사하다는 것을 발견할 수 있다. 그렇다면 물병자리 시대의 메시아는 어떤 탄생신화를 바탕으로 만들어질까? 그에 대한 힌트 역시 천문에 있다. 물고기자리 다음은 물병자리이며 반대편 별자리는 사자자리이다. 따라서 물병자리 시대의 영웅은 사자자리의 기운을 받아 태어난다는 공식이 성립된다. 그런데 공교롭게도 카톨릭 벽화를 보면 이미 그러한 그림이 존재하는 것을 발견할 수 있다. 바로 사자머리 헤어 스타일을 한 예수 혹은 마리아가 자신의 심장을 가리키고 있는 그림이다. 사자자리에서 가장 중요한 별자리는 '사자의 심장'이라 불리는 레굴루스라는 별이다.

〈그림 59〉는 이미 미래의 메시아에 대한 이미지를 인간의 모습으로 형상화시켜 놓은 것이라는 것을 알 수 있다. 누가복음 제22장 9절부터 13절까지를 보면 예수가 배신자에 의해 체포되기 전, 유월절 준비에 대한 대화를 한 내용이 있는데 다음과 같다.

그림 59 예수의 심장

9. 여쭤오되 어디서 준비하기를 원하시나이까? 10. 이르시되. 보라 너희가 성내로 들어가면 물 한 동이를 가지고 가는 사람을 만나리니 그가 들어가는 집으로 따라 들어가서. 11. 그 집 주인에게 이르되 선생님이 네게 하는 말씀이 내가 내 제자들과 함께 유월절에 묵을 객실이 어디 있느냐 하시더라 하라. 12. 그리하면 그가 자리를 마련한 큰 다락방을 보이리니 거기서 준비하라 하시니 13. 그들이 나가 그 하신 말씀대로 만나 유월절을 준비하니라.

오늘날 기독교 심벌을 보면 물고기로 묘사하는 것을 많이 볼 수 있다. 예수는 물고기자리 시대에 태어난 메시아였기 때문이다. 그리고 처녀자리의 기운을 받아 태어났으니 처녀 수태라는 탄생신화를 가지고 있다. 그러나 서기 2160년이 지나면 물고기자리의 시대가 끝나고 물병자리의 시대가 오게 되므로 예수를 기반으로 한 종교의 시대는 종말을 맞이하게 될 것이며, 물병자리 시대를 상징하는 새로운 종교가 생겨나 대체될 것이다. 이를 암시하는 내용이 누가복음에 나오는 물 한 동이를 가지고 가는 사람이다. 즉 물병자리를 의미하는 것이다.

예수가 배신자에 의해 사라지고 나면 유월절을 이어서 할 장소가 필요한데 그것이 바로 물병자리라는 암시를 성경에서 볼 수 있다. 그리고 유월절은 3월 봄에 하는 축제이므로 바로 3월 24일 춘분축제이다. 현재까지는 3월 춘분에 태양이 물고기자리와 함께 뜨지만 앞으로는 물병자리와 함께 뜨게 될 것이므로 유월절은 물병자리에서 하게 될 것이다. 예수탄생 신화와 죽음-부활에 대한 이야기는 천문현상을 의인화했다는 것을 알 수 있으며 동양 기마민족의 영웅탄생 신화와 같은 뿌리를 가졌다는 점을 알 수 있다.

2

텡그리의 부활과 크리스마스

12월 25일이 되면 기독교에서 예수의 탄생을 기리기 위해 크리스마스 행사를 한다. 그러나 크리스마스는 기독교 그 이전부터 존재했던 고대 종교에서 유래된 것이다. 로마제국에서는 사툰나리아(Saturnalia)라는 이름으로 기독교가 전래되기 이전부터 율리우스력에 따라 12월 25일에 거대한 행사를 했으며 이집트에서도 동일한 행사를 했다. 로마제국 영역의 바깥에 있었던 게르만족들도 율(Yule) 축제라 하여 12월에 축제를 했다. 따라서 크리스마스의 기원은 기독교 이전부터 존재했다는 사실을 알 수 있다.

크리스마스의 분포를 보면 남쪽으로는 이집트부터 북쪽으로는 바이킹 지역에 이르기까지 광범위하게 퍼져 있다. 그렇다면 최초의 발생지는 어디일까? 오늘날 우리가 즐기는 크리스마스 문화를 보면 흔히 발견할 수 있는 것들이 산타클로스, 루돌프 사슴, 썰매, 트리, 크리스마스 장작, 크리스마스 케이크 등이 있다. 이러한 요소들을 보면 크리스마스의 기원이 남쪽이 아니라 북방으로부터 전래된 풍습일 가능성이 높다고 추측할 수 있다. 그렇다면 크리스마스와 텡그리교는 어떤 공통점을 가지고 있는지 살펴보자.

시베리아에서는 12월 말이 되면 태양신인 텡그리 부활 축제가 열린다. 시베리아의 타이가 지역에서는 동짓날이 되면 태양이 며칠간 뜨지 않는 암흑의 밤이 지속된다. 고대 시베리아인은 이것을 태양신이 죽었다고 생각했다. 그래서 새로운 태양이 태어나 다시 하늘을 비추어서 추운 겨울을 극복하게 해달라는 의미로 하늘에 제사를 지냈다. 이후 크리스마스 무렵이 되면 태양이 다시 뜨는데 이를 텡그리신의 부활이라고 믿었다.

오랜 암흑 이후, 태양이 뜨게 되면 마을의 원로들은 이를 축하하기 위해 육포, 광대버섯 등 음식물을 잔뜩 싣고 순록을 타고 부족민들을 방문하여 텡그리 즉 태양신이 부활했음을 알리며 축복해 주었다. 이런 샤머니즘 전통은 크리스마스 때 산타클로스가 선물을 주러 다닌다는

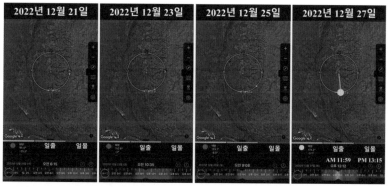

그림 60 크리스마스 무렵 북극권의 일출-일몰

그림 61 고대 시베리아 가옥

오늘날의 이야기와 매우 유사하다. 서양에서는 산타클로스가 왜 문이 아니라 굴뚝으로 들어온다고 묘사했는지에 대해서 설명을 못하는데, 크리스마스의 원형을 가지고 있는 시베리아 샤머니즘의 풍습을 보면 그 이유를 알 수 있다. 북쪽 지역은 겨울이 길고 눈보라가 치기 때문에 한 번 눈이 내리면 수 미터의 높이까지 쌓인다. 그래서 문을 통해서 출입을 하는 것이 어려워서 겨울 기간에는 지붕을 통해 출입했었다. 그래서 동짓날 시베리아 유목민족의 원로들이 부족 천막을 방문하면 문으로 들어가는 것이 아니라 지붕으로 내려갔다. 〈그림 61〉을 보면 지붕의 가운데에 구멍이 있고 사다리가 놓인 것을 볼 수 있는데 이 구멍은 굴뚝의 역할을 함과 동시에 출입구로도 쓰였다. 즉 산타클로스 전설은 시베리아 샤머니즘의 텡그리 부활 풍습에서 유래했다는 것을 알 수 있다.

이러한 내용을 필자가 인터넷 방송으로 강의할 때 어떤 이들이 반론을 제기하는 경우가 있었다. 기독교에서도 크리스마스가 기독교 문화가 아니라 이교도의 문화인 것을 알면서 하고 있다면서 예수의 부활은 실제로 있었던 일이라고 주장하는 것이다. 그러나 예수의 부활 신화 또한 시베리아 샤머니즘의 풍습에서 유래한 것이다. 이미 말했듯이 양쪽 다 부활에 대해서 언급을 하고 있기 때문에 동짓날 태양의 부활과 예수의 부활을 분리해서 설명할 수 없다. 예수가 십자가에 못 박혀서 죽기 전 한 로마 병사가 롱기누스의 창으로 옆구리를 찔러 예수를 죽였다는 기록이 있는데 이 또한 천문학적 현상을 의인화한 것으로 샤머니즘에도 비슷한 이야기가 존재한다.

12월 21일 동지 무렵이 되면 태양은 궁수자리(Sagittarius)와 함께 움직이는 것을 발견할 수 있다. 고대 유라시아의 유목민족들에게는 천손

그림 62 12월 21일 태양과 궁수자리

강림사상이 있었는데 이를 태양이 화살에 맞아 떨어지는 것으로 묘사한다. 돌궐제국에서는 자신의 영지에 관리를 파견할 때 화살을 주는 풍습이 있었다. 그 이유는 자신들이 하늘로부터 내려온 천손민족이기 때문에 민족과 화살을 일치해서 인식한 것이다.

동이족이 만든 한자에서도 민족 '족(族)'을 보면 화살 '시(矢)'가 들어있어 '민족=화살'이라는 인식이 보편적이었다는 점을 알 수 있다. 중앙아시아의 카자흐족이나 키르키즈족의 경우 자식이 태어나면 아버지가 하늘을 향해 활을 쏘는 풍습을 아직도 간직하고 있다. 이들이 하늘에 화살을 쏘는 이유는 동짓날과도 깊은 관련이 있어 보인다. 왜냐하면 동짓날 태양은 궁수자리와 겹쳐서 움직이는데 공교롭게도 태양이 궁수가 활을 당긴 시위에 겹쳐 있기 때문이다. 즉 고대인들은 동짓날 태양이 뜨지 않는 이유가 바로 궁수에 의해서 태양이 화살에 맞아 지상에 떨어졌기 때문이라고 믿었던 것이다. 이 과정을 통해서 하늘에는 새로운 태양이 떠오르고 지상에 떨어진 태양은 인간 여인의 몸을 빌려 반신반인으로 태어나 지상의 인간을 다스린다는 천손강림 사상이 만들어진 것이다.

서양 점성술에서도 궁수자리는 하늘과 땅 사이를 여행하면서 인간과 하늘을 연결하는 중개자로 여기고 성직자의 별로 인식하는 것으로 보아 유라시아 유목민의 샤머니즘과 유사한 점을 발견할 수 있다. 특히 궁수자리는 황도 12궁 중 9번째 별자리인데, 한국의 고대 국가인 12환국이 하늘로부터 내려온 구이족에 의해 건설되었다는 이야기와 일치하는 것으로 봤을 때 서양의 점성술과 고대 한국의 건국이념 또한 서로 밀접한 관련이 있는 것을 알 수 있다. 유대인과 한민족 간의 부활에 대한 차이점은 바로 창과 화살인데, 이는 고대 유대인이 궁수자리의 화살을 창으로 인식했기 때문에 달라진 것이 아닌가 생각한다. 결국 창에 찔리건 화살에 맞건 그 이후 부활을 하여 인류를 구원한다는 개념은 양쪽이 동일하다는 것을 알 수 있다.

3

올림픽과 고대 샤머니즘 축제의 관계

북위 67도 지역을 북극권의 경계라고 한다. 고대 샤먼들은 이 지역
이 북극성의 기운을 가장 강하게 받는 신성한 지역이라고 인식했다. 또
이 지역이 순록의 주요 서식지이다 보니 순록을 주식으로 하면서 순록
의 이동을 따라 유목생활을 했다. 원래 고대 스키타이족은 초원에 살기
전에 북극권 근처에서 살았던 것으로 보인다. 왜냐하면 초기 스키타이
족의 말을 보면 말머리장식을 순록 뿔 모양으로 장식한 것을 발견할 수

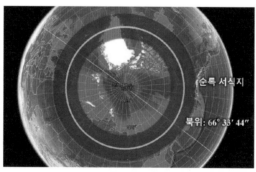

그림 63 북극권의 경계와 순록의 서식지

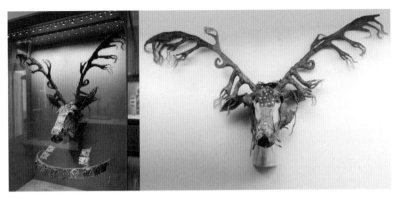

그림 64 스키타이족의 말 장식[36], [37]

있는데 이들이 말의 머리를 순록 뿔로 장식했던 이유는 북극권에 살았던 기억이 남아 있었기 때문이다.

　스키타이족은 인구가 증가하자 초원지대로 이동하여 살게 되었고 이 지역에 순록이 없었기 때문에 말의 머리에 순록 뿔을 장식했으나 시간이 지나면서 뿔 장식은 사라지게 된다. 스키타이족은 신라와 마찬가지로 골품제도가 있었다. 지배계급에는 무기를 다루던 적색 무사계급과 종교를 담당했던 백색 종교계급이 있었다. 스키타이족과 신라가 같은 계통의 민족이었기 때문에 신라의 전통풍습을 기반으로 스키타이족의 전통을 역으로 추정해보면, 이들은 지배계급이 특정 날짜에 태어나야 하늘로부터 기운을 받을 수 있고 그래야지만 지배자로서의 자격

---

36) https://twitter.com/scoutrager/status/1162787290835324930

37) https://www.hermitagemuseum.org/wps/portal/hermitage/digital-collection/25.+Archaeological+Artifacts/879944/?lng=en

을 갖출 수 있다고 믿었을 것이다.

한국은 고대로부터 합궁일이라는 제도가 있었다. 이는 왕과 왕비가 왕자를 낳기 위해 잠자리를 하게 될 때, 샤먼 혹은 천문관에게 물어서 언제 잠자리를 해야 하는지 시간을 정하는 풍습이었다. 이 풍습은 100년 전 멸망한 조선 왕조 때까지 이어졌으며 지금도 몇몇 한국 가정에서 이를 지키는 곳이 남아 있다. 따라서 이들에게 있어서 정치 지도자의 탄생 날짜와 종교 지도자의 탄생 날짜는 매우 중요했을 것이다. 서양의 점성학을 보면 고대 스키타이족의 전통을 추측할 수 있는 내용이 나오는데 **여름의 별인 사자자리는 제왕의 별로 인식하며 겨울의 별자리인 궁수자리는 성직자의 별로 인식한다는 점이다.**

4년마다 열리는 올림픽은 고대 유라시아 유목민족의 제천행사와 깊은 관련이 있는 것으로 보인다. 물론 기원은 그리스의 올림픽에서 유래한 것인데, 당시 천문을 기반으로 종교를 만들었던 것은 그리스인들도 예외가 아니었기 때문에 고대 그리스의 올림픽 제전이 되었든 그리스 북동부에 살던 스키타이족의 제천행사가 되었든 비슷한 풍습이 있었을 것으로 보인다.

올림픽은 4년에 한 번씩 개최하고 그 기간은 15일이다. 올림픽을 이처럼 진행하는 것은 고대 태양과 달 숭배의식과 관련이 있는 것으로 보인다. 먼저 4년 주기로 행사를 여는 이유를 추정해보자. 태양력으로 1년을 365일로 나눠서 날짜를 계산해보면 실질적으로는 1년이 약 365.25일이라서 4년에 한 번씩 1년이 366일이 되는 현상이 발생한다. 그래서 4년 주기로 1년이 366일이 되는 해에 제천행사 즉 올림픽을 했던 것으

표 21 역대 하계올림픽 개최일과 달

회수	연도	국가	도시	일자	달의 위상변화	태양
19	1968	멕시코	멕시코시티	10월 12일~10월 27일	◑●◐	처녀자리
20	1972	서독	뮌헨	8월 26일~9월 10일	○◑●	사자자리
21	1976	캐나다	몬트리올	7월 17일~8월 1일	◑●◐	게자리
22	1980	소련	모스크바	7월 19일~8월 3일	●◐○	게자리
23	1984	미국	LA	7월 28일~8월 12일	●◑○	게자리
24	1988	대한민국	서울	9월 17일~10월 2일	◑○◐	처녀자리
25	1992	스페인	바르셀로나	7월 25일~8월 9일	●◑○	게자리
26	1996	미국	애틀랜타	7월 19일~8월 4일	◑●○	게자리
27	2000	호주	시드니	9월 15일~10월 1일	○◑●	처녀자리
28	2004	그리스	아테네	8월 13일~8월 29일	●◑○	사자자리
29	2008	중국	북경	8월 8일~8월 24일	◑○◐	사자자리
30	2012	영국	런던	7월 27일~8월 12일	◑○◐	게자리
31	2016	브라질	리우데자네이루	8월 5일~8월 21일	●◑○	사자자리
32	2021	일본	도쿄	7월 24일~8월 9일	●◑○	게자리

로 추정된다. 잉카문명에서도 1년이 366일이 되는 해에 대규모 제천행사를 했다. 따라서 4년 주기는 태양력과 관련이 있다는 것을 알 수 있다.

그렇다면 왜 15일 동안 행사를 진행했을까? 그것은 달과 관련이 있을 것이다. 달의 삭망주기는 29.5일로 약 30일이다. 15일을 하는 것은 바로 달의 위상이 반대로 변하는 절반의 주기이기 때문이다. 〈표 21〉에는 역대 올림픽 기간 동안 떴던 달의 모양을 묘사해 놓았다.

이처럼 태양과 달의 주기가 중요한 이유는 고대 샤먼축제와 관련이 있다. 고대에는 366일째 되는 날에 하늘에서 신이 내려와 인간세상을 본다고 믿었다. 그래서 고대인들은 신이 내려왔을 때 그 신을 다시 하늘로 올려 보내지 않고 인간 여인의 몸에 집어넣어서 반신반인으로 잉태시킨 다음 지상의 지배자로 삼고자 했던 것 같다. 따라서 이들은 태양의 주기를 계산하여 신이 언제 강림하는지 예측하고 그날 제천행사를 열어 가장 우수한 남성을 선별한 다음, 신녀 즉 샤먼의 임신 주기에 맞춰 가장 적기인 시기에 잠자리를 해서 하늘의 기운을 가진 천손을 잉태시킨다는 생각을 했던 것으로 보인다.

이때 샤먼들은 광대버섯과 같은 마약성 물질을 사용했는데, 그 이유는 환각물질을 먹고 환각상태에 빠지면 신이 몸에 들어오면서 신비한 체험을 한다고 믿었기 때문이다. 그래서 고대 샤먼들은 선택 받은 남성들과 함께 버섯을 먹고 잠자리를 해서 임신을 했던 것으로 보인다. 훗날 한국에서는 이러한 풍습이 버섯에서 술로 대체되어 전통 혼례에 쓰였다. 즉 신혼 첫날밤에 남녀가 그냥 잠자리에 드는 게 아니라 술을 마시고 하는 풍습이 정착되었다. 버섯 대신 술을 쓴 이유는 현재 한국인이 사는 지역에서는 툰트라 지역의 독버섯을 구할 수 없기 때문에 대용으로 발전한 것으로 보인다.

초기 신라 시대에도 버섯을 이용했던 것으로 보인다. 신라의 옛 수도 경주에서 발견된 고분에서 버섯 모양의 청동 조각이 발견된 것으로 보아 삼국시대까지는 종교의식 때 버섯을 사용했던 것 같다. 아마도 그때까지는 신라인이 완벽한 농경민족이 아니고 유목을 생업으로 하는 인구도 있었기 때문에 북쪽에서 광대버섯을 가져와 종교의식에 썼을

그림 65 청동버섯

것이다. 천마총에서 발견된 천마도의 바탕이 되는 나무도 시베리아산 자작나무이다. 따라서 신라 역시 북극권에서 일어나는 태양의 부활 현상에 대해서 잘 알고 있었을 것이다. 실제로 고대 신라의 신년은 음력을 기준으로 한 1월 1일이 아니라 동짓날이었다. 이후 한국에서 음력이 일반화되면서 음력 1월 1일을 새해로 정하고 동지 새해를 까치설날이라고 부르게 되었다. 까치라는 새를 설날의 이름에 붙인 이유는 신이 하늘로부터 새를 타고 내려온다고 믿었기 때문이다. 중세 유럽의 성당을 가면 성모 마리아가 아기 예수를 임신하는 장면을 그린 벽화가 있는데 일관되게 하늘로부터 빛이 내려오고 그 빛 속에 비둘기가 있는 모습을 발견할 수 있다. 유라시아 유목민들의 경우에는 비둘기가 아니라 태

그림 66 성모 마리아 머리위의 비둘기와 삼족오, 삼룩

양 속의 까마귀로 묘사했다. 결국 빛과 새가 나오는 동일한 요소를 발견할 수 있다.

오늘날 하계 올림픽은 꼭 여름에만 하지는 않고 경우에 따라서는 10월에도 하는데, 고대에는 태양력으로 약 6월과 7월 사이에 행했던 것으로 보인다. 현재도 남아 있는 몽골의 나담축제(7월 초)나 야쿠티아 사하족의 에세흐(ысыах) 축제(6월 말)를 보아도 대략 6월에서 7월에 하는 것을 볼 수 있다. 이 시기에 축제를 하는 것은 북쪽에 위치해 있다 보니 여름이 온화하여 생활하기 좋기 때문에 그런 것도 있겠지만, 시리우스 신앙과도 관련이 있는 것 같다.

유라시아의 유목민족은 자신들을 늑대의 자손이라 여겨서 부족의 상징으로 늑대를 삼거나 늑대의 이빨을 장식하는 경우가 많다. 6월 말부터 7월 초는 절기상 하지인 동시에 동쪽에서 태양이 뜰 때 늑대의 별인 시리우스와 가깝게 뜨는 시기이다. 그래서 고대 유목민족들은 자신들을 다스릴 강력한 전투력을 가진 신의 영혼이 이 시기에 내려온다고 생각하였다. 이때 각종 스포츠 행사를 하면서 제천행사를 연 다음 가장 우수하다고 선발된 남성들과 여성 샤먼들이 잠자리를 가져 아이를 임신했을 가능성이 크다. 이렇게 해서 태어난 아이들이 성인이 되면 오늘날 티베트 불교에서 하는 의식과 비슷하게 각종 체육대회나 시험을 거치게 된다. 최종 우승을 한 자는 하늘에서 내려온 신령한 기운을 받아 태어난 자로 인정되어 다음번 지도자가 되는 제례의식을 통해 국가를 다스렸던 것으로 보인다. 그래서 고대 샤머니즘 시대 때에는 왕위를 자식에게 물려주지 않고 경연에서 우승한 자에게 물려주었다.

이와 마찬가지로 종교 지도자를 뽑는 의식도 행했던 것으로 보이는데 그 시기가 바로 동계 올림픽이 열리는 시점, 즉 발렌타인 데이이다. 발렌타인 데이의 공식적인 유래는 기독교 사제였던 발렌티누스를 기념하는 날이지만 고대 로마시대 때 2월 13일부터 15일 사이에 했던 축제는 루페르칼리아(Lupercalia)라는 축제였다. 루페르칼리아 축제는 '루파'라는 암늑대로부터 어원이 유래한 축제이다. 로마인 역시 유라시아 유목민족처럼 자신들을 늑대의 후예라고 생각했기 때문에 로마 건국 신화인 로물루스·레물루스 전설에도 늑대가 나온다. 하계·동계 올림픽 모두 늑대라는 공통요소가 있는 점으로 미루어 볼 때 이 축제의 기원이 그리스, 로마뿐만 아니라 유라시아 초원에 살았던 스키타이족과도 깊은 관련이 있는 축제였다는 것을 짐작할 수 있다.

그럼 2월에 선택된 남녀가 짝짓기를 하게 되면 어떤 의미가 있는지 살펴보자. 2월 14일경부터 7일간 대회를 진행하고 8일째에 선발을 마치게 되면 나머지 7일의 기간 동안 남녀 간의 짝짓기 기간이 시작된다. 이렇게 해서 여자가 임신을 하게 되면 그 여성이 아이를 출산하는 시기가 바로 12월 25일경으로 오늘날 우리가 크리스마스라고 부르는 날이다. 이때 태어난 아이는 성인이 되면 종교를 담당하는 제사장이 되는 것이다. 이렇게 해서 스키타이족의 지배계급인 무사계급과 종교계급이 하계 올림픽과 동계 올림픽이라는 제천행사를 통해 탄생했다는 사실을 추정할 수 있다.

고대 제천행사는 왕과 제사장 외에 다른 직업의 사람들을 탄생시키는데도 사용되었다. 1년 동안 매달 12번의 제천행사를 치러서 대장장이, 서기관, 농부 등 각종 직업을 가진 사람들을 잉태시키는 데 제천행사를 활용하였다. 이를 통해서 고대 유목민은 하늘로부터 선천적인 자질을 가진 아이를 잉태시킬 수 있다고 믿었다. 그 아이에게 후천적으로 교육을 시켜 선천적·후천적으로 가장 이상적인 인간을 만들 수 있다고 생각했던 것이다. 이렇게 해서 국가를 건설하게 되면 북극성으로부터 내려온 천자를 중심으로 하늘에 떠있는 별의 기운을 받은 사람들이 각각의 위치에서 자신의 천직을 가지게 된다. 최고의 실력으로 일하여 경제를 부강하게 하고 별자리를 모방하여 건설한 도시에서 사는 것이야말로 고대 유목민에게는 재세이화의 실현이었던 것이다.

제천행사를 매달 연 목적에는 복지적인 이유도 있었다. 제천행사 때 각 부족으로부터 바쳐진 공물들을 행사가 끝나고 참가했던 부족민에게 나누어줌으로써 가난한 자들도 굶지 않고 함께 살 수 있는 길을 열어 주었다. 그리고 제천행사에 참가하여 임신을 하고 후일 그 아이가 각종 경연대회에서 우승을 하게 될 경우 신분상승도 할 수 있었기 때문에 봉건신분제 사회처럼 정체되지 않고 활발하게 움직였던 것 같다. 그래서 고대 유목민 사회는 농경사회와는 다르게 지배계급과 피지배계급 간의 격차가 상대적으로 작아서 국민이 국가의 정책에 참여할 수 있는 기회가 많았다. 그래서 지도자 즉 칸은 쿠릴타이 회의와 같이 의회 정치를 통해 부족민들의 동의를 얻어야만 전쟁이나 대규모 토목공사를 할 수 있었다.

4

밤과 낮의 균형자
플레이아데스 성인

한국의 단오제는 음력 5월 5일에 하는 전통 행사로 '수릿날'이라고 한다. '수리'는 '태양'을 뜻하는 단어인데 고대 산스크리스트어의 영향을 받은 단어로 추정된다. 가야를 건국한 '김수로'왕의 '수로' 역시 '수리'와 같은 어원을 가진 것으로 영어의 'Sun'이다. 단오제는 음력을 기준으로 하는 행사인데 왜 태양의 날을 기념하는 날을 음력에 맞춰서 했을까? 이것은 천문현상과 깊은 관련이 있는 것으로 추정된다. 음력으로 5월 5일이 되면 초승달이 뜨는데, 여기에 일출을 기념하는 날을 상징적으로 표현하면 초승달과 금성 혹은 초승달과 태양의 일식을 상징하는 모습이 나온다.

흉노족의 상징이었던 초승달과 금성 혹은 태양은 천문현상에서 기원한 상징으로 오늘날 몽골 국기에도 표현되어 있다. 기독교의 성모 마리아가 유라시아 유목민족의 상징과 비슷한 형태를 가지고 있는 것은 성모 마리아의 콘셉트가 바로 고대 유라시아 대륙의 마고신앙과 깊은 관련이 있기 때문이다. 한국에서 단오날이 되면 마을 사람들이 남자신

그림 67 초승달과 금성을 상징하는 물건들-흉노, 몽골, 성모 마리아

과 여자신을 모시고 하늘에 제사를 지내는데 강릉 단오제의 경우 서낭신 즉 남자신은 '범일국사'이고 여자신은 '정씨 처녀'라고 전해진다.

　현재의 단오제는 유교적 영향을 받아 제사를 지내는 것만으로 끝나지만, 고대에는 더욱 원색적인 축제를 했던 것으로 보인다. 『삼국지(三國志)』 위서(魏書)의 30권 「오환선비동이전(烏丸鮮卑東夷傳)」에 의하면 "삼한(三韓) 사람들은 5월이 되면 귀신에 제사를 지내고 사람들이 모여 음주가무를 쉬지 않고 한다."라는 기록이 있다. 기록을 통해 추측할 수 있는 고대 단오의 모습은 젊은 남녀가 초승달이 뜬 밤에 모닥불을 피우고 강강술래를 하며 춤추고 술을 먹다가 눈이 맞으면 같이 잠자리를 하던 축제였을 가능성이 높다. 이때 선발된 여인들은 처녀일 가능성이 매우 높은데 현재 물고기자리 시대에 태어나게 될 성인은 처녀자리의 기운을 받아서 태어나야 종교적으로 정당성을 가질 수 있기 때문이다. 그리고 남녀는 정신이 혼미해질 때까지 술을 마셔 자신들이 인간으로서 성관계를 한 것이 아니라 신이 인간의 몸을 빌려 했다는 인식을 형성하여, 단오제 때 임신해서 태어난 아기가 처녀 수태로 태어났다는 명분을 가질 수 있게 했다.

원래 고대 시베리아 샤먼들은 광대버섯과 같은 독버섯을, 그리스에서는 뱀의 독을 이용해서 환각작용을 일으키는 일종의 사랑의 묘약을 만들어 제례의식 때 사용했는데 시간이 지나면서 마시기 좋고 편한 술로 대체된 것으로 보인다. 하늘의 신성한 기운이 깃든 남성의 몸을 빌려 음력 5월 5일에 처녀와 합궁을 해서 임신을 하게 되면 아이는 3월 말에서 4월 초에 탄생하게 된다. 바로 밤과 낮의 길이가 같은 춘분에 처녀 수태로 태어나게 되는 것이다. 고대 한국 단오제의 본래 의미는 아마도 밤과 낮의 균형을 잡기 위해 춘분 때 하늘로부터 메시아를 받는 천손강림축제였을 가능성이 크다.

표 22 연도별 단오제의 양력환산일과 황도 12궁

연도	양력날짜	황도 12궁
BC 59	6월 15일	황소자리
AD 1	6월 12일	황소자리
AD 300	6월 9일	황소자리
AD 600	6월 24일	쌍둥이자리
AD 900	6월 9일	황소자리
AD 1200	6월 24일	쌍둥이자리
AD 1500	6월 11일	황소자리
AD 1800	6월 26일	쌍둥이자리
AD 2022	6월 3일	황소자리

그림 68 2022년 단오제 때 태양의 위치

〈그림 68〉을 보면 단오제 기간 동안 태양은 주로 황도 12궁 중 황소자리와 함께 떠서 점점 쌍둥이자리 쪽으로 이동해 간다. 즉 단오제는 황소자리와도 깊은 관련이 있다는 것을 알 수 있다. 고대 종교는 크게 북극성을 중심으로 한 종교 사상과 플레이아데스를 중심으로 한 종교 사상이 양대 축으로 존재했으며 현재도 이러한 경향은 변하지 않았다. 북극성 사상이란 지구가 자전할 때 북극성은 움직이지 않기 때문에 고대인들은 그것이 하늘의 중심이라고 생각했으며 인간의 생명이 북극성으로부터 내려온다고 믿었다. 그래서 지상에 태어난 인간이 죽어서 하늘로 올라갈 때 자신이 저지른 행동에 따라 대가를 치르고 승천하여 북극성에 갔다가 다시 지상으로 내려와 태어난다고 믿었다. 이것이 '윤회'로 주로 힌두교와 불교에서 사용되는 교리이다. 이와 같은 원리는 기독교에도 존재한다. 바로 '원죄'라는 인식인데 힌두교-불교에서 말

하는 '업'과 같은 것이다. 자신의 선대 혹은 전생에 지은 죄가 현재의 자신에게 영향을 미친다는 종교관이다.

플레이아데스 신앙은 북극성 신앙과 기본적으로는 같지만 조금 다른 구조를 하고 있는데 그것은 힌두교-불교에서는 '해탈', 기독교에서는 '구원'이라고 말하는 사상이다. 즉 인간의 영혼이 북극성과 지상을 끊임없이 반복해서 태어나지 않고 운명을 벗어나 해탈 혹은 구원을 받는다는 사상이다. 이러한 사상은 천문 사상에서 비롯한 것이다. 고대인들은 인간의 영혼이 우리가 인식하는 우주의 영역을 벗어나 황소자리의 실버 게이트(Silver Gate)를 지나 플레이아데스 즉 천국으로 감으로써 현세의 고통으로부터 해방될 수 있다고 믿었다. 따라서 단오절은 태양이 양자리를 지나 황소자리로 가는 6월 무렵에 하는 행사로 실버 게이트가 있는 '알데바란'을 통과하는 시점에 행해지는 제천행사였다는 것을 알 수 있다. 따라서 이때 처녀가 임신을 해서 아이가 3월 말 4월 초 춘분에 태어나게 되면 밤과 낮의 균형을 잡는 플레이아데스 성인이 탄생하게 된다고 믿었던 것 같다. 그래서 예수 탄생일을 말할 때 서양에서 12월 25일 탄생설 외에 3월이나 4월 탄생설을 말하는 이유가 바로 고대 유라시아 유목민들이 행했던 단오제에서 비롯한 것이라 볼 수 있다.

5

재세이화(在世理化)와 천손강림

BC 2333년 무렵 건국된 고조선의 건국이념은 홍익인간이었으며 BC 57년경 건국된 신라의 건국이념은 재세이화였다. 이 두 이념은 '국가를 건설한 지도자는 하늘에서 내려온 천자로서 하늘의 뜻을 대신하여 지상을 이롭게 다스린다'는 의미인데, 서양에도 이와 유사한 철학사상이 있다. 바로 "As above so below"로 지상을 하늘과 똑같은 천국으로 건설한다는 생각이다.

하늘을 본떠서 나라를 건설한다는 것은 형이상학적인 철학의 영역도 있지만 말 그대로 하늘의 모양을 본떠서 도시를 건설하고 문화와 제도를 만든다는 것이다. 고대 한국 건국자들의 이름이나 수도 이름을 보면 금성과 관련된 이름이 많다. 예를 들어서 고구려를 건국한 고주몽은 이름이 '주몽'인데 현대 몽골어로 '금성'을 뜻하는 '촐몬(Цолмон)'과 어원적 관련이 있고, 고구려를 처음 건국했던 시기의 국가 명칭은 '졸본부여'였으며 수도는 '졸본'이었다. 이 또한 몽골어의 '촐몬'과 관련이 있으며 키르키즈어로 금성을 뜻하는 '촐폰(Чолпон)'과도 어원적 뿌리가 연결되어 있다. 신라의 수도도 한 때는 금성이라고 불려 고대 한국인은 금성을 각별하게 생각했다는 것을 알 수 있다.

이들이 금성을 중요하게 생각했던 이유는 하늘로부터 지상으로 내려와 인간을 다스리는 사람은 이 우주의 창조주가 아니라 창조주의 아들이라고 믿었기 때문이다. 이를 천손강림 사상이라고 한다. 천손이란 말 그대로 하늘의 자손이라는 의미지 하늘 그 자체가 아니다. 그래서 고대 한국을 포함한 유라시아 유목민족들은 올림픽과 같은 제천행사를 열어서 하늘로부터 천손을 받는 의식을 통해 지도자를 배출해 왔다.

신라의 역사를 보면 박혁거세가 신라를 건국하기 전 그 지역에는 '사로국'이라는 나라가 존재했는데 한동안 왕이 없어 부족장들이 공동 운영을 하다가 박혁거세가 오자 왕으로 앉혔다는 이야기가 나온다. 왕이 없으면 부족에서 능력 있는 자를 뽑아서 임명하면 되는데 그렇게 하지 않고 오랜 기간 왕의 자리를 공백상태로 두었던 이유는, 고조선이 멸망하면서 한동안 제천의식이 행해지지 않아 왕위를 정하지 못했기 때문으로 보인다. 그러다 후일 박혁거세가 나타나면서 부족민들이 그를 왕으로 인정하고 자리를 준 것이다. 오늘날의 정서로 생각하면 굴러온 돌이 박힌 돌을 밀어내서 왕이 된 것으로 보이지만 고대에는 많은 사람이 왕은 세습이 아닌 하늘의 기운을 받아서 태어난다는 생각을 했다. 그런 사상이 광범위하게 퍼져 있어 아무나 함부로 왕위에 앉지 않았기 때문에 일어난 현상인 것이다.

그리하여 지도자가 된 자들은 하늘을 대리해서 지상을 다스리던 천자였기 때문에 스스로를 하늘이라고 칭할 수 없었다. 그래서 초기 삼국시대 때까지만 해도 왕은 금관을 쓰지 않고 동관을 썼다. 그 이유는 자신이 천자라는 것을 상징하기 때문인 것으로 보이는데, 태양은 금을 상징하고 달은 은을 상징하여 태양과 달의 아들인 금성은 동을 상징하기 때문이다.

샤머니즘 시대의 지도자들은 하늘로부터 이 땅을 다스릴 수 있는 권한을 받았다는 의미에서 자신들의 이름에 금성을 자주 썼고 도시나 국가 명칭에서도 금성이라는 표현을 자주 썼다. 그러나 이러한 경향은 샤머니즘이 쇠퇴한 이후 동양에서는 불교, 서양에서는 기독교가 중심 종교로 부상하면서 약해졌다. 왕위는 세습이 되고 권력은 중앙집권화 되면서 자신을 신 즉 태양과 동일시하게 되었고 그때부터 동관은 사라지고 금관을 쓰는 문화가 성행하게 된 것으로 보인다.

한국 고대사를 기록한 『한단고기』나 『부도지』를 보면 한민족의 시원이 파미르 고원으로 기록되어 있는 것을 발견할 수 있다. 현재 그 지역은 사람이 잘 살지 않는 매우 춥고 높은 고산지역인데 왜 고대 한국인은 자신들의 첫 출발 지역을 파미르라고 했을까? 여전히 수수께끼이다. 그러나 한 가지 추정할 수 있는 점은 이들이 가지고 있었던 재세이화 사상과 깊은 관련이 있어 보인다.

태양은 한 달에 약 1개의 별자리를 지나서 1년 동안 12개의 별자리를 통과하는데 그 별자리를 황도 12궁이라고 한다. 따라서 고대 한국인도 유목민족이었던 당시 이러한 원리를 이용해서 유라시아 초원 지대를 이동하며 유목생활을 했던 것으로 보인다. 앞서 언급했던 12환국은 각각 12개의 별자리를 대표하며, 그 안에 사는 유목민족들은 태양이 12개의 별자리를 이동해 가듯이 초원에 있는 12개의 국가를 차례

그림 69 황도12궁과 12환국

로 이동하면서 유목생활을 했던 것으로 보인다. 이들이 이런 식으로 이
동생활을 했던 이유는 유목 특성상 한 자리에서 오랫동안 머무르게 되
면 초원이 황폐화되기 때문에 가축들을 다른 곳으로 이동시켜 다음 부
족이 가축을 끌고 올 때까지 풀이 자랄 시간적 여유를 주기 위함이다.
또 다른 이유는 여러 민족끼리 공생하기 위함이다.

　〈그림 69〉를 보면 유목민족들이 유라시아 대륙에서 유목생활을 할
때 실크로드와 초원의 길을 이용해서 회전하는 식으로 유목을 했다. 그
렇게 한 이유는 유라시아 지역을 보면 어떤 곳은 산간 지역이고 어떤
곳은 사막, 어떤 지역은 초원지역으로 다양한 형태가 존재하기 때문에
특정 민족이 유목하기 좋은 지역을 독차지하고 생활하면 다른 민족들
과 충돌이 발생할 수가 있다. 따라서 이러한 충돌을 방지하기 위해서
순환 형태의 유목생활을 해야 하는데, 그러려면 모든 유목민족이 받아
들일 수 있는 제도를 수립해야 했다. 이때 태양이 황도 12궁을 지나가
는 원리 그대로 지상의 유목생활에 적용했던 것으로 보인다.

『삼국사기』에 기록된 신라의 천문관측 기록을 보면 최적 일식관측 지역이 신장 위구르 자치주부터 한반도에 걸쳐 여러 지역으로 나타난다. 현재 한국 사학계에서는 이러한 기록을 무시하거나 중국의 문헌을 베꼈다고 주장하는데, 이는 무리가 있다고 본다. 왜냐하면 중국의 전통적인 수도는 시안과 낙양이었기 때문에 양자강 이남이나 바이칼 호수 일대, 한반도, 신장 위구르지역에서 천문을 관측한 것으로 나오는 기록은 중국의 천문관측 지역으로부터 멀리 떨어진 지역이라 중국의 문헌을 베꼈다는 논리가 성립되지 않는다. 따라서 신라는 파미르 고원 일대에서 건국되어 동쪽으로 점점 이동했다는 사실을 알 수 있고, 이러한 이동은 바로 태양이 황도 12궁을 따라 움직이는 원리에 맞춰 수도를 이전하면서 이동했기 때문인 것이다.

이러한 전통은 한국뿐만 아니라 고대 아즈텍 문명이나 다른 아메리칸 인디언 문명에도 존재했으며 시베리아에 살았던 수수께끼의 고대 민족도 주기적으로 수도를 버리고 다른 곳으로 이동하여 새로 나라를 건설했다. 삼국사기에 기록된 신라의 천문관측지역을 보면 초기 신라의 천문관측지역이 주로 중국 양자강 유역으로 표시가 되다가 한동안 천문관측을 하지 않았다. 그러다 AD 787년경이 되면서 다시 관측하기 시작하는데 그 위치가 양자강 유역이 아니라 한반도로 이동한 것으로 나타난다.

AD 6세기가 되면 당나라와 신라에서 풍수도참 사상이 유행하게 된다. 풍수 사상은 동양의 천문 사상이 반영된 음양오행설에 의해 땅의 기운이 흥하거나 쇠한다는 것을 설명하는 이론으로 국가를 건설할 때

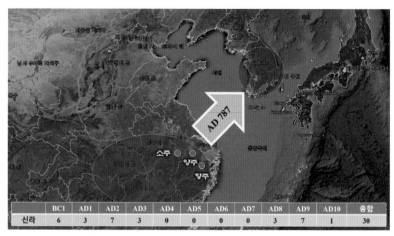

	BC1	AD1	AD2	AD3	AD4	AD5	AD6	AD7	AD8	AD9	AD10	총합
신라	6	3	7	3	0	0	0	0	3	7	1	30

그림 70 신라 일식관측지의 이동

나 수도의 위치를 결정할 때도 중요한 역할을 했다. 신라는 건국 초기부터 꾸준히 천제를 지내고 천문관측을 했으나 AD 4세기부터 약 400년 동안은 천문관측을 하지 않았다. 이 시기는 신라가 백제, 가야, 일본의 침입에 끊임없이 시달리던 시기였기 때문에 관측을 못했을 수도 있으나 삼국통일을 한 668년 이후에도 하지 않은 점은 이상하다. 이 시기가 되면 더 이상 신라를 괴롭히던 국가들이 존재하지 않기 때문에 천문관측에 방해가 될 만한 요소도 없다. 신라의 삼국통일 이후 벌어진 나당전쟁도 676년에 끝났기 때문에 787년까지 약 100년간 천문관측을 하지 않은 것은 할 수 없는 다른 이유가 있었기 때문이라 추정한다. 삼국사기에 의하면 나당전쟁이 끝난 이후에도 신라에서는 끊임없는 자연재해가 발생했던 것으로 보인다.

〈표 23〉에 기록된 신라의 자연 재난과 중원에서 발생했던 정변을

표 23 연도별 신라에 발생한 재난들

연도	사건
698년	발해 건국
699년	동해물이 핏빛으로 변한지 닷새 만에 정상이 됨
703년	수도에 홍수 발생
705년	가뭄과 흉년 발생
732년~781년	이정기(李正己)의 제나라 건국
755년~763년	안사의 난
787년	신라 천문대 한반도로 이동

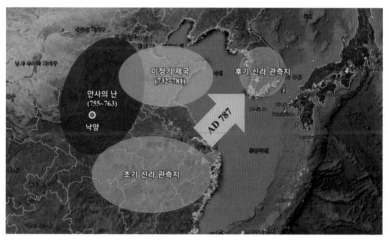

그림 71 신라의 이동

동시에 고려해서 〈그림 71〉의 지도를 보면 삼국통일 이후에도 양자강
주변은 여전히 전쟁으로 인해 어수선한 분위기였음을 알 수 있다. 더구
나 가뭄이나 홍수, 바닷물이 적색으로 변하는 현상은 흉조로 여겨졌기

때문에 고대 신라의 지배층들은 양자강 유역의 신라 땅은 기운이 쇠하였다고 판단하여 새로운 지역으로 수도를 이전해야 한다고 생각했을 것이다. 따라서 신라는 풍수도참 사상에 따라 바다 건너 한반도로 수도를 이전했을 가능성이 높다. 실제로 초기 신라가 건국되었던 당시에는 북극성의 위치가 작은곰자리의 별 중 코카브(Kochab)의 중심에 더 가까웠지만 신라의 천문대가 한반도로 이동된 시점에는 폴라리스(Polaris)가 북극점에 더 가까웠다. 따라서 북극성의 이동은 고대 신라의 지배층에게 천도에 대한 충분한 명분을 제공했을 것으로 보인다. 사산조 페르시아의 건국신화를 기록한 『쿠쉬나메』의 기록에 의하면 초기 건국자의 아내는 신라의 공주였다는 내용이 나오는데 신라가 한 지역에만 존재한 것이 아니라 두 군데 존재한 것으로 나온다. 즉 신라는 양자강 유역과 한반도 두 군데에 영토를 가지고 있었던 것이다. 따라서 천문관측의 기록과 『쿠쉬나메』의 기록을 근거로 신라는 두 군데 존재했으며 수도를 이전한 이유는 북극성의 이동과 깊은 관련이 있다는 것을 알 수 있다.

신라보다 훨씬 오래 전에 건국되었던 12환국이나 고조선의 경우도 수도를 천도하는데 있어 별자리의 이동이 중요한 역할을 했던 것으로 보인다. 한민족이 파미르 고원에 살았던 시기를 '마고시대'라고 부르는데 약 1만 2천 년 전으로 추정을 하며 고조선 건국은 BC 2333년경으로 추정하고 있다. 그런데 이 숫자를 보면 북극성의 이동과 이집트 피라미드에서 관측한 오리온 별자리 위상의 변화와 비슷한 시기인 것을 알 수 있다. 마고성 시대 혹은 12환국 시대가 끝나가던 시기에 북극

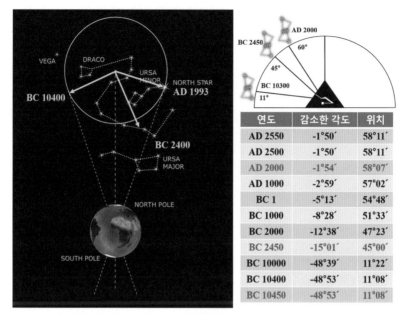

연도	감소한 각도	위치
AD 2550	-1°50′	58°11′
AD 2500	-1°50′	58°11′
AD 2000	-1°54′	58°07′
AD 1000	-2°59′	57°02′
BC 1	-5°13′	54°48′
BC 1000	-8°28′	51°33′
BC 2000	-12°38′	47°23′
BC 2450	-15°01′	45°00′
BC 10000	-48°39′	11°22′
BC 10400	-48°53′	11°08′
BC 10450	-48°53′	11°08′

그림 72 북극성의 이동과 오리온 별자리의 위상변화

성은 직녀성(Vega)에서 용자리(Draco)로 이동했으며 이집트에서 관측한 오리온 별자리의 위상도 크게 변했다. 또한 고조선 건국 시기인 BC 2333년경에는 북극성이 용자리에서 곰자리(Ursa Minor)로 넘어가던 시기였으며 이 시기에 오리온 별자리의 위상도 크게 변화하였다. 즉 별자리의 이동에 따라 새로운 국가를 건설하는 전통은 최소한 1만 년 이전부터 전해 내려온 전통이라는 것을 알 수 있다. 한 가지 흥미로운 점은 AD 2000년부터 또 다시 새로운 별자리의 시대에 들어섰다는 것을 〈그림 72〉를 통해서 알 수 있다는 점이다. 과연 전 세계가 이러한 별자리의 이동에 따라 새로운 세계를 건설할지 주목하고 있는 바다. 이처럼 고대 스키타이 계통의 민족은 지도자의 탄생부터 시작하여 국가의 건설에 이르기까지 모든 것을 하늘의 천문을 모방하여 만들었다. 이것이 재세이화사상이며 서양의 프리메이슨들의 "As above so below"인 것이다.

6

북극성을 따라 한반도로 이동한
문명 전파자들

고대 한민족이 중원과 만주에 살던 당시 한반도의 의미는 거주지역이라기보다는 죽은 지도자들의 유해를 묻는 지역으로서 샤먼들이 머물던 성지였을 가능성이 매우 높다. 왜냐하면 한국의 고인돌 무덤은 좁은 면적에 전 세계 고인돌 숫자의 절반 이상을 보유하고 있어 세계에서 가장 큰 무덤지역이기 때문이다. 고인돌 무덤뿐만 아니라 각종 거대한 고분의 숫자까지 합치면 수만 개의 무덤이 한반도에 집중되어 있다. 더구나 그 무덤의 주인 또한 동양인만 있는 것이 아니라 서양인들도 포함하고 있어 대홍수 이후 동서남북으로 흩어져 나라를 건설했던 연방의 지도자들이 죽으면 한반도 지역에 와서 묻혔던 것이 아닌가 생각한다. 한반도의 위치는 고대 샤먼의 시각에서 봤을 때, 새로운 북극성의 위치임과 동시에 플레이아데스의 위치라고 판단했을 가능성이 있다. 북극성과 플레이아데스의 위치가 엄연히 다름에도 불구하고 둘을 일치해서 생각하게 된 것은 본래의 종교가 천문에서 왔다는 것을 망각한 후세 사

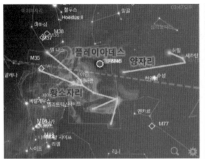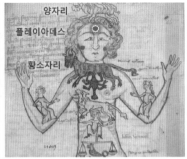

그림 73 우주와 인체의 플레이아데스의 위치

람들이 종교권력을 강화하기 위해 만들어낸 현상이 아닐까 생각한다.

카스트 제도나 골품제도 즉 북극성 중심의 세계관을 가진 힌두교와 배타적 선민사상을 가진 유대교 같은 종교는 해탈을 통해 모든 사람들이 구원을 받을 수 있다는 플레이아데스 중심의 세계관을 가진 불교나 기독교에 의해 압도당한 것으로 보인다. 아마 플레이아데스 성인을 상징하는 석가모니나 예수가 북극성의 위치 즉 신의 자리까지 차지했기 때문에 나타난 현상일 것이다.

지금도 절에 가면 석가모니가 인간이었다는 것을 알면서도 신자들은 그를 절대적인 능력을 가진 신으로 인식하고 소원을 빈다. 초기 기독교에서 원래 예수의 이미지는 신의 아들이었는데 오늘날 예수는 하나님 그 자체로 인식되어 예수에게 소원을 비는 종교가 되었다. 고대 샤머니즘에서도 두 사상은 서로 영향을 주고받으면서 섞였고 이내 한반도의 위치가 플레이아데스의 위치이자 북극성의 위치가 된 것으로 보인다.

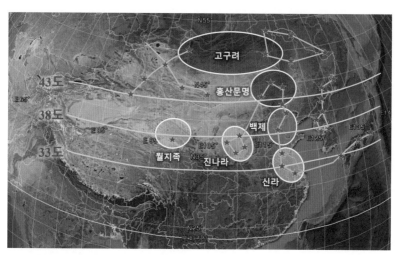

그림 74 북극성의 위치와 삼국의 천문대 위치

　『부도지』와 『한단고기』를 참조했을 때 마고대성과 12환국의 위치가 파미르 고원 일대였던 것을 보면 그 지역 어딘가에 고대 환국의 수도가 있었을 가능성이 있다. 이후 한민족은 서서히 동진하여 중국 동부 해안에 살면서 동이족이라 불렸다. 신라 문무왕 비문과 대당고김씨부인묘명의 내용에 의하면 김씨들은 본래 흉노족의 본거지였던 신장위구르 자치주와 감숙성 일대에 살다가 중국 시안을 중심으로 진나라를 건설하였고, 진나라가 멸망한 이후에는 한나라 무제 시기에 중국 동부 해안에 살다가 산둥 반도로 이동했다는 기록이 나온다. 신라의 경우 북극성의 이동에 따라 활동 지역을 꾸준히 동쪽으로 이동했다는 점이 확연히 보인다.

　신라의 이동 경로가 북극성의 이동 경로와 묘하게 겹치는 것은 우연이 아닐 것이다. 삼국을 통일한 신라는 수도를 더 북쪽으로 천도하려 했으나 기존 귀족세력의 반대로 실패하고 말았다. 후고구려의 수도였던 철원, 고려의 수도였던 개성, 조선의 수도였던 한양, 대한민국의 수도 서울을 보면 이후 건설된 한민족의 수도는 대략 북위 38도 부근에 위치한다는 사실을 발견할 수 있다. 이는 고대 문명을 탄생시키는 주요 활동 무대가 별자리의 이동에 맞춰 북위 33도에서 38도로 이동했기 때문이다. 우연의 일치인지는 몰라도 프리메이슨이 건국한 미국의 수도 워싱턴 D.C. 역시 북위 38도 근방에 있다.

신라는 삼국을 통일한 이후에도 동해안 핏빛 사건(699년), 수도 대홍수(703년), 이정기의 독립운동(732년), 안사의 난(755년) 등으로 인해 하루도 편한 시기가 없었다. 그래서 이 시기에 신라와 당나라에서는 미륵사상이 크게 유행했다. 불교의 미륵은 기독교의 메시아, 미트라교의 미트라와 같다. 당시 사람들은 중원지역에 가뭄과 홍수, 전쟁이 발생하는 이유가 북극성의 기운이 중원을 떠나 해동으로 이동하였기 때문이라고 생각했다. 그래서 새로운 땅을 찾아 대규모의 이동을 하게 된다. 『신당서』에 의하면 당나라의 인구는 752년까지 897만 3,634호였지만 760년이 되면 193만 3,134호로 인구가 급감하면서 전성기 인구의 20% 정도만 남게 된다. 이를 통해 신라가 천문대를 한반도로 옮긴 AD 787년과 비슷한 시기에 민족의 대이동이 있었다는 것을 알 수 있다. 이때 중원에서 이동한 인구는 한반도로만 간 게 아니라 일본 열도로도 대거 이주했다.

7

막달라 마리아와
사그라다 파밀리아 완성의 의미

2019년 4월 15일 보수공사 중이던 노트르담 성당에 화재가 발생하면서 목재로 만들어진 지붕과 첨탑이 전소되고 무너지는 사건이 있었다. 점성학적으로 노트르담 성당의 화재는 매우 깊은 의미를 지닌다. 왜냐하면 물고기자리 시대의 메시아를 잉태했던 성모 마리아의 시대가 끝나고 미래에는 물병자리 시대의 메시아를 잉태한 막달라 마리아의 시대가 도래할 것이라는 암시이기 때문이다. 피닉스 전설에 의하면 새로운 것은 창조적 파괴 속에서 태어난다고 한다. 따라서 옛 것이 불타 사라지게 되면 그 속에 새로운 것이 탄생한다는 것이다. 노트르담 성당은 성모 마리아를 위해 지어진 건축물이기 때문에 성당의 화재는 그러한 상징적인 의미를 가지고 있다. 2천 년의 세월이 흐르면서 지구의 세차운동으로 인해 미래에는 새해에 해당하는 춘분일 즉 3월 24일이 되면 태양이 물고기자리가 아니라 물병자리와 함께 뜨게 된다. 따라서 성령 잉태를 한 성모 마리아의 위상은 앞으로 계속 축소되어질 것이다. 이제부터는 물병자리의 메시아를 잉태한 막달라 마리아가 성모 마

그림 75 노트르담 성당과 사그라다 파밀리아

리아의 자리를 차지하게 될 것이다.

　2026년이 되면 스페인 바르셀로나에 있는 사그라다 파밀리아 성당이 144년 만에 완공된다고 한다. 그러면 앞으로는 노트르담 성당처럼 성모 마리아를 기리는 성당이 아닌 사그라다 파밀리아 같이 막달라 마리아를 추모하는 성당이 대세를 이루게 될 것이다. 막달라 마리아는 갈릴래아 출신으로 예수의 추종자 중 한 명이었다고 하나 그동안 막달라 마리아에 대한 인식은 매춘부로서의 이미지가 더 강했다. 그래서 막달라 마리아는 성경에서 지워졌다. 그러나 2천년 가까이 바티칸으로부터 박해를 받았음에도 불구하고 막달라 마리아 신앙은 유럽에서 민간을 통해 조용히 전승되어 왔다. 특히 영지주의 기독교에서는 막달라 마리아를 굉장히 중요한 인물로 간주했다. 바티칸은 이들을 이단으로 규정하고 거의 천 년 동안 유럽에 있던 영지주의 기독교도들을 학살했다. 그래서 실질적으로 유럽의 많은 곳에서 막달라 마리아의 존재가 사라졌지만 중세 봉건시대의 변방에 해당했던 독일과 영국에서는 막달라 마리아 신앙이 간신히 명맥을 유지하였다. 이후 산업혁명 덕분에 토지를 소유하고 있지 않아도 부를 축적할 수 있는 방법이 생기자, 농업에 상대적으로 불리했던 독일이나 영국이 강대국으로 성장하면서 막달라 마리아 신앙은 다시 부활하게 되었다. 그러면서 유럽의 많은 계몽주의자는 중세 봉건사회의 중심 역할을 했던 로마 카톨릭에 대항하고자 막달라 마리아 신앙을 중심으로 뭉쳤다. 특히 1945년에 「나그함마디 문서」가 이집트의 나그함마디 마을에서 발견되면서 이들의 신앙심은 더욱 굳건해지기 시작했다.

막달라 마리아 신앙은 세계경제 구조의 변화와도 맞물려 같이 변화해왔다. 로마 카톨릭이 농업 위주 봉건제도의 중심세력이었다면 막달라 마리아 신앙은 공업 위주의 산업과 신분의 자유를 주장하는 세력의 중심이 되었다. 결론적으로는 산업세력이 농업세력을 이겼기 때문에 현재 전 세계의 경제는 막달라 마리아 신앙의 수호세력이었던 프리메이슨이 지배하는 세상이 되었다. 바르셀로나에 가면 로마와는 다르게 성모 마리아보다는 막달라 마리아를 위해 만들어진 성당이 상당히 많다. 댄 브라운(Dan Brown)이 쓴 『다빈치 코드』라는 소설이 한때 전 세계를 강타했는데, 단순히 소설에 불과하다며 논란의 불씨를 잠재웠으나 막달라 마리아의 후손이 살았다는 프랑스 남부지역이나 카탈루냐 지역에 가보면 소설의 내용이 결코 허구가 아님을 알 수 있다. 바르셀로나에 있는 유명한 관광명소 중 하나인 카탈루냐 미술관에서도 그녀의 존재를 확인할 수 있다.

미술관 안에 있는 벽화를 보면 〈그림 76〉과 같이 왼쪽부터 세 번째

그림 76 예수와 제자들

칸에 여자 한 명이 앉아 있는 것을 발견할 수 있다. 이 여자의 정체가 바로 막달라 마리아라고 추정한다. 여인의 왼쪽에 앉아 있는 남자가 열쇠를 들고 있는 것으로 보아 베드로임을 알 수 있듯이 각 인물들은 이들의 정체를 알 수 있게 하는 상징들을 들고 있다. 여인이 아기 예수가 아니라 병을 들고 있다는 것은 그녀가 바로 막달라 마리아라는 점을 의미한다. 중세시대에 만들어진 성당의 벽화들을 보면 막달라 마리아는 항상 한 손에 병을 들고 있는 것으로 묘사된다. 그녀가 이렇게 병과 함께 묘사되는 이유는 요한복음서에 기름 붓는 여인이라고 기록된 여인의 정체가 바로 막달라 마리아이기 때문이다.

　현재의 기독교에서는 가톨릭이든 개신교든 막달라 마리아를 창녀라 부르며 철저히 무시하지만, 중세 유럽에 남아 있던 영지주의 기독교에 의하면 막달라 마리아는 예수가 십자가에 못 박혀 죽기 전에 예수와 결혼하여 아이를 낳은 예수의 부인이었다. 바로 이 부분이 종교 지도자들에게는 불편한 진실이었기 때문에 자신들의 종교를 퍼뜨리기 위한 목적으로 인간이었던 예수를 신격화하면서 예수의 부인과 그 딸의 존재를 완전히 숨겨 버렸다. 그러나 예수 사후 탄압을 피해 프랑스 남부로 피난 간 막달라 마리아와 그녀의 딸 사라에 대한 신앙과 이야기는 지금까지도 면면히 내려오고 있다. 그리고 그중 일부를 바르셀로나가 간직하고 있다.

카탈루냐 미술관 정문에서 베네치아 타워를 바라보면 몬주익 마법의 호수, 베네치안 타워, 스페인 광장이 일직선으로 정렬해 있는 구조를 볼수 있다. 보통 이런 구조를 만들게 되면 거기에 맞게 대로가 일직선으로 뚫려 있게 마련인데 스페인 광장 쪽에서 갈라지는 길 중에는 미술관과 일직선 정렬로 뚫린 길이 없다. 그러나 계속 일직선으로 멀리 보면 사그

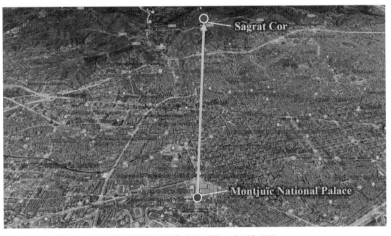

그림 77　카탈루냐 미술관과 일직선 정렬을 하고 있는 사그랏 코르

그림 78 검은 마리아와 아기를 든 예수와 마리아

랏 코르(Sagrat Cor)라는 성당이 산 위에 우뚝 솟아 있는 것을 발견할 수 있다. 이 성당 안으로 들어가면 매우 특이한 그림과 조형물들을 볼 수 있는데 가장 먼저 눈에 들어왔던 것은 바로 검은 마리아였다.

검은 마리아는 소설 『다빈치 코드』에서도 언급되었던 성상인데 이것이 바르셀로나에도 있다. 당연히 이 인물은 막달라 마리아임이 분명하다. 그리고 그 양쪽에는 과연 누구일까 생각하게 만드는 석상이 두 개가 있다. 오른쪽의 아이를 안고 있는 여인은 무심코 보면 성모 마리아와 아기 예수일 것이라 추측할 수 있는데 그렇다면 왼쪽에 있는 예수로 보이는 인물이 아이를 안고 있는 석상이 의미하는 것은 무엇일까. 그 힌트는 가운데 있는 검은 마리아에 있지 않을까? 즉 사그랏 코르 성당 역시 막달라 마리아를 위해 만들어진 성당이라는 것이다. 더구나 흥미롭게도 이곳을 오기 위해 마을버스를 타고 와야 하는데 그 버스 번호가 '111'이었다. 이 숫자 또한 음모론에서는 악마의 숫자로 알려져 있으나

이 역시 기독교 세력들이 퍼뜨린 가짜 정보일 뿐이다. '111'은 북극성을 상징하며 바르셀로나에서는 막달라 마리아를 상징하는 암호로 보인다.

바르셀로나 최고의 명소인 사그라다 파밀리아 성당에 있는 여인상을 성모 마리아라고 생각하는 사람들이 많은데 바르셀로나 곳곳에 숨겨진 암호를 해독하면서 이곳에 당도해보니 사그라다 파밀리아 성당에 모셔진 주요 인물은 성모 마리아가 아니라 막달라 마리아라는 것을 쉽게 알아챌 수 있었다. 성당 안에 들어가면 많은 사람이 백 년이 넘게 공들여 만든 가우디의 예술 작품에 경탄하며 주로 천장의 장식물들을 향해 셔터를 누르느라 정신이 없다. 그러나 진실은 보고 있으면서도 무심코 지나치는 곳에 존재한다.

그림 79 사그라다 파밀리아 천장모습

성당의 지붕 장식을 보면 태양숭배 사상이 잘 드러나 있다. 예수를 상징하는 태양을 중심으로 4명의 추종자 및 4대 성경을 상징하는 마테, 요한, 누가, 마가가 황도 12궁 중 우주의 봄, 여름, 가을, 겨울을 상징하는 전갈자리(마테), 물병자리(요한), 황소자리(누가), 사자자리(마가)로 묘사되어 하늘의 천장이 태양을 중심으로 황도 12궁이 펼쳐져 있는 우주를 묘사하고 있다. 많은 사람들이 화려한 천장에 매료되어 있는 동안 한 가지 간과하는 점이 있는데 그건 바로 영지주의 기독교를 계승한 프리메이슨의 주요사상인 "As above so below" 즉 재세이화 사상이다. 예수를 상징하는 태양을 보지 말고 바닥을 보면 바로 막달라 마리아의 심벌이 있는 것을 발견할 수 있다. 실제로 현지를 가보면 이 심벌을 인식하는 대중은 거의 없으며 보고도 무심히 지나갈 뿐 사진을 찍지도 않는다. 그러나 이 심벌은 사그라다 파밀리아 성당이 막달라 마리아의 성

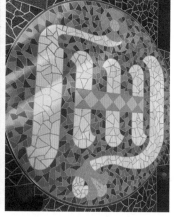

그림 80 성모 마리아와 막달라 마리아의 심벌

그림 81 막달라 마리아의 상징들(왼쪽부터 사그라다 파밀리아, 사그랏 코르, 구엘공원)

당이라는 것을 암시하고 있다. 그렇다면 왜 대놓고 말을 하지 못할까? 그 이유는 중세시대 때부터 가톨릭에 의해 탄압을 받아왔기 때문에 숨길 수밖에 없었던 것이다.

처녀 수태를 했다고 믿기 때문에 성모 마리아를 상징하는 심벌은 'M'으로만 표시하지만 막달라 마리아는 예수와 결혼을 해서 아이를 낳았기 때문에 'M'자에 결혼반지를 낀 모습으로 묘사한다. 따라서 〈그림 80〉에서 오른쪽에 있는 심벌이 막달라 마리아 심벌이라는 것을 알 수 있으며, 왼쪽과 오른쪽의 두 심벌은 각각 다른 인물을 가리킨다는 것을 알 수 있다. 사그랏 코르에 마을버스 번호가 '111'인데 이것이 막달라 마리아를 상징한다고 했던 이유는 바로 막달라 마리아를 상징하는 'M'을 표기할 때 '111'처럼 보이게 표기해서 사람들이 막달라 마리아의 존재를 바로 알아차릴 수 없게 숨겼기 때문이다.

더구나 구엘공원 같은 경우 일부러 막달라 마리아를 상징하는 '111'처럼 보이는 'M'을 도마뱀 뒤에 배치해서 일반인들이 절대로 막달라 마리아의 존재를 알 수 없게 위장을 해 놓았다. 막달라 마리아의 존재를 알리는 암호가 이것만 있는 것은 아니다. 사그라다 파밀리아 성당을 통과해서 출구에 도달하면 마방진과 각종 암호들이 숨겨져 있는 예술작품들이 잔뜩 있다.

많은 사람은 마방진의 숫자에 주목을 하는데 마방진도 중요하지만 그 옆에 있는 인물 조각상도 같이 주목해야 한다. 왜냐하면 여기 있는 모든 것이 하나의 이야기를 암시하고 있기 때문이다. 먼저 〈그림 82〉의 마방진부터 살펴보면 이것은 기존의 마방진과 조금 다르다는 사실을 알 수 있다. 원래 마방진은 같은 숫자를 반복해서 쓰지 않는 것이 원칙이나 여기에는 동일한 숫자가 반복해서 표기되어 있기 때문이다. 이렇게 쓴 것은 의도적으로 나타내고자 하는 메시지가 있다는 뜻이다. 일단 마방진의 숫자를 어느 열에서 더해도 전부 '33'이라는 숫자가 나오게 만들었다. 이는 예수가 33세에 죽었다는 것을 뜻하기도 하지만 샤머니즘에서 인간이 죽어서 북극성으로 영혼이 돌아갈 때 건너가는 은하수 속 33개의 별자리와도 관련이 있다. 그리고 마방진에는 숫자 '14'와 '10'이 두 번씩 새겨져 있는데 이는 33세에 죽은 인물이 예수라는 것을 알리기 위해 써놓은 숫자암호이다.

표 24 알파벳에 숫자를 부여한 표

A	B	C	D	E	F	G	H	I/J	K	K	M	N	O	P	Q	R	S	T	U/V
1	2	3	4	5	6	7	8	9	10	11	12	13	14	15	16	17	18	19	20

그림 82 마방진, 막달라 마리아와 예수

14+14+10+10=48이 나온다. 이 숫자는 예수를 상징하는 숫자이다. 예수가 못 박힌 십자가를 보면 예수 위에 'INRI'라고 쓰여 있는 것을 흔히 볼 수 있다. 이 알파벳도 위 표의 숫자에 맞춰서 숫자를 더하면 'I(9) + N(13) + R(17) + I(9)'로 48이 나오는 것을 확인할 수 있다. 그런데 마방진 옆에 있는 두 인물은 누구일까? 두 명의 사람이 서로 껴안고 있다는 것을 알 수 있는데 왼쪽에 남자로 보이는 인물은 예수이고 오른쪽에 남자의 목을 안고 있는 사람은 여자로 막달라 마리아임을 알 수 있다.

키스를 하려는 여인의 치맛자락 끝에 뱀이 달려 있어 예수와 키스를 하는 사람이 유다가 아니라 막달라 마리아라는 것을 보여주고 있다. 두 사람이 키스를 하려 한다는 증거는 마방진 옆에 새겨져 있는 'Mc 14.45'라는 문구이다. 이것은 마가복음 14장 45절을 상징하는 것으로 "이에 와서 곧 예수께 나아와 랍비여 하고 입을 맞추니."라는 구절로 키스에 대한 내용이다. 따라서 두 남녀가 키스를 하려고 안고 있다는 것

그림 83 예수 최후의 순간에 관한 성경구절들

을 알 수 있으며 그 대상은 바로 예수와 그의 부인 막달라 마리아인 것
이다. 그 외에도 주변에는 예수가 십자가에 못 박혀 죽는 상황에 관련
된 성경구절들이 상징적으로 새겨져 있다.

'Mt 27.19'는 마태복음 27장 19절로 "총독이 재판석에 앉았을 때
그의 아내가 사람을 보내어 이르되 저 옳은 사람(예수)에게 아무 상관도
하지 마옵소서. 오늘 꿈에 내가 그 사람으로 인하여 애를 많이 태웠나
이다."라는 구절인데 이는 예수의 결백함에 대한 내용이다. 'Mt 27.24'
는 마태복음 27장 24절로 "빌라도가 아무 성과도 없이 도리어 민란이
나려는 것을 보고 물을 가져다가 무리 앞에서 손을 씻으며 이르되 이
사람의 피에 대하여 나는 무죄하니 너희가 당하라."라는 구절로 예수
를 십자가에 못 박아 죽이려는 군중과 빌라도 간의 실랑이에 대한 내
용이다.

'Lc 22.60'은 누가복음 22장 60절 "베드로가 이르되 '이 사람아 나는 네가 하는 말을 알지 못하노라'라고 아직 말하고 있을 때 닭이 곧 울더라."라는 구절로, 예수가 죽고 나서 베드로가 자신은 예수를 알지 못한다며 스스로를 부정하는 내용이다. 'Joan 13.27'은 요한복음 13장 27절로 "조각을 받은 후 곧 사탄이 그 속에 들어간지라. 이에 예수께서 유다에게 이르시되 네가 하는 일을 속히 하라 하시니."라고 하여 예수가 무언가를 유다에게 시켰는데 그것은 아마도 예수를 밀고하여 십자가에 못 박히게 하라는 지시가 아니었을까 추정한다. 즉 유다는 배신자가 아니라 예수로부터 복종하기 어려운 명령을 받고 따를 만큼 충실한 추종자였으며 오히려 베드로가 배신자라는 듯한 뉘앙스가 성당 벽면에 새겨져 있다.

이 성당이 성모 마리아가 아니라 막달라 마리아를 위한 성당이라는

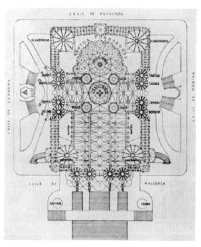

그림 84 사그라다 파밀리아 설계도

증거는 바로 성당 전체의 설계를 보아도 알 수 있다. 바르셀로나에 가면 유난히 도마뱀 기념품을 많이 판다. 도마뱀이 바로 막달라 마리아를 상징하는 심벌이기 때문이다. 예수와 키스하는 여인이 막달라 마리아라는 근거로 치맛자락에 뱀이 있었던 것과 같이, 성당의 설계도를 보면 바르셀로나에서 파는 도마뱀 기념품과 성당의 전체적인 설계구조가 매우 닮아 있는 것을 볼 수 있다. 사그라다 파밀리아 성당에서 말하는 성스러운 가족이란 성모 마리아와 아기 예수가 아니라 예수, 막달라 마리아 그리고 그들의 딸 사라를 기념하기 위해 세운 성당이라는 것을 알수 있다. 이 세계를 그늘에서 움직이는 세력들에게 2025년은 구시대가 끝나고 새 시대가 시작되는 경계선에 해당한다. 어쩌면 그런 이유때문에 새천년의 메시아를 모시는 성당으로서 상징적인 의미로 사그라다 파밀리아를 2026년에 완공시키는 것일 수도 있다.

그림 85 이탈리아 베네치아의 막달라 마리아 성당

그렇다는 말은 지구상 어딘가에 예수의 후손들이 살아 있을 수도 있다는 의미가 되지 않을까? 그리고 이들이 이제 전면에 나올 날이 얼마 남지 않았을지도 모른다. 그렇게 된다면 기존에 존재했던 기독교는 예수의 후손들에 의해 사라지고 새천년에는 예수의 후손 중 한 소녀가 물병자리 시대를 여는 종교 지도자로 부상하면서 새로운 종교의 시대가 열리게 될 수도 있다.

8

신은 시간이다 & 시간을 지배하는 자

전 세계 고등종교의 상징이나 교리를 보면 이들도 샤머니즘과 마찬가지로 천문을 기반으로 만들어진 종교라는 점을 알 수 있다. 그렇다면 한 가지 의문점이 생길 수 있다. 이 세상에 북극성이란 별도 하나이고 태양도 하나인데 왜 지구상에는 다신교 외에 유일신 종교가 존재하는 가이다. 다신교에서도 유일신의 개념은 존재한다. 바로 가장 강한 절대 강자의 신이 있기 때문이다.

다신교와 유일신교로 갈라지게 된 원인은 정치적 목적 때문인 것으로 추정된다. 예를 들어 태양숭배 사상을 기반으로 만들어진 기독교의 경우, 고대사를 살펴보면 매우 정치적으로 확산되었다는 사실을 알 수 있다. 로마제국이 유럽을 정복한 뒤 끊임없는 내전과 분열로 골머리를 앓자 로마의 황제는 그동안 로마제국이 취했던 다양성과 관용적 태도를 버리고 하나의 황제 아래 하나의 종교로 통치되는 사회를 건설하고 자 하였다. 이 과정에서 기독교를 사회 통합의 수단으로 이용했다. 현재도 미국의 대선 과정에서 교회가 얼마나 선거에 깊게 개입하는지 볼 수 있다. 그리고 이러한 현상은 한국도 마찬가지다. 우리나라 좌파 정치인은 거의 카톨릭이고 우파 정치인은 거의 개신교인 것을 볼 수 있다. 그리고 각 종교 지도자들은 정치에 적극적으로 개입하여 자신들이 지지하는 사람을 정치인으로 만들고자 한다. 이처럼 유일신교는 정치적인 목적으로 탄생했다는 것을 알 수 있다.

그럼에도 불구하고 여전히 기독교에는 다신교적 요소가 남아 있다. 본래 크리스마스나 핼러윈은 유럽 내 다른 종교의 축제였는데 이것이 기독교에 흡수되어 교회 주도로 행사가 이루어지고 있는 것이다. 그러나 앞서 설명했듯 이러한 이교도적 요소를 배제하더라도 기독교의 교리 자체가 천문학에 기반을 두고 있기 때문에 다신교적 교리에서 벗어나지 않는다. 지금으로부터 약 2천 년 전부터 물고기자리의 시대가 시작되었는데 그 시점이 바로 예수가 탄생한 이후 만들어진 기독교의 시대였으며 그 상징으로 물고기를 사용했다.

그 이전은 양자리 시대였다. 가나안 땅으로 무리를 이끌고 가 나라를 세운 유대교의 지도자 모세를 묘사할 때 머리 스타일을 양처럼 표현하는 작품들을 많이 발견할 수 있다. 그 이전 시대는 황금소를 숭배했던 것으로 보이는데 양자리 이전 시대가 바로 황소자리시대였기 때문이다. 이처럼 구약에 나오는 야훼라는 하나님은 유일신의 개념을 가지고 있지만 지구의 세차운동에 의해 태양이 황도 12궁의 다른 별자리와 함께 뜰 때마다 그 이미지는 소, 양, 물고기로 변했다. 즉 하늘에는 하나의 태양이 있어도 그 태양을 묘사하는 이미지는 2천 년 주기로 바뀌어 왔던 것이다.

이런 거창한 대주기까지 가지 않고 소주기 즉 1년 단위로 작게 나눠서 보아도 기독교와 천문이 연관되어 있다는 것을 알 수 있다. 예를 들어 부활절의 경우 종파에 따라 날짜가 서로 달랐다. 초기 교회에서는 음력에 기반을 둔 히브리력의 유월절에 기반하여 부활절 날짜를 결정했으나 로마제국에 의해 국교화 되면서부터는 그레고리력에 기반하여 춘분인 3월 21일 이후 첫 보름달의 날로 정했다. 동방정교회는 율리우스력을 기반으로 3월 22일~4월 24일 사이로 부활절을 잡았다. 이처럼 예수가 부활한 날짜를 정하는데 있어 십자가에 못 박혔고 죽었다 언제 다시 살아났는가 하는 역사적 기록에 따르지 않고 천문에 기반하여 부활절을 정한 것은 바로 예수 자체가 인격화 된 태양신이기 때문에 나타난 현상이다. 결국 신은 우상화 된 '시간'이라는 것을 알 수 있다. 따라서 오늘날 세계의 종교를 지배한다는 것은 시간을 지배한다는 것과 같은 의미를 가지고 있다.

그렇다면 오늘날 세계를 지배하는 종교세력, 즉 시간을 지배하는 자는 어디에 살고 있을까? 그것은 현재의 시간대를 보면 바로 알 수 있다. 세계의 시간대는 그리니치 천문대를 기준으로 해서 시간을 나누고 있다. 즉 그리니치 천문대가 있는 곳이 바로 세계를 지배하는 곳이라 할 수 있다. 그리니치 천문대는 런던에 있으므로 이 세상을 다스리는 세력은 바로 영국에 산다는 것을 알 수 있다. 그렇다면 이 세상을 지배하는 최고의 왕은 영국 왕실이라는 의미일까? 그렇지는 않다고 생각한다. 런던에는 '시티 오브 런던(City of London)'이라는 지역이 있다. 런던 금융의 중심지이자 세계금융의 중심지이다. 아마도 이곳이 세계의 시간을 지배하는 중심지가 아닌가 생각된다.

혹자는 시간을 지배한다는 것이 뭐가 그리 대단할까 생각할 수도 있다. 하지만 오늘날처럼 모든 업무가 디지털화 되어가는 시대에 시간은 매우 중요하다. 주식이나 채권시장에서는 거래가 초단위로 이루어지는데 요즘은 매매를 결정할 때 사람이 아닌 AI가 대신한다. 만약 이들이 언제, 어디서, 어떤 일이 일어날 것이라는 것을 안다면 주식이나 채권, 선물시장에서 큰돈을 벌 수 있을 것이다. 그리고 그 때를 알려 주는 시간의 기준이 자신이 사는 지역의 시간이라면 누구보다 더 유리한 고지를 가질 수 있을 것이다. 또 한창 전쟁이나 테러활동으로 국제유가가 요동칠 때 한국의 주식시장은 시간대가 다르기 때문에 업무를 하지 않는 밤이면 바로바로 대응을 할 수 없을 것이다. 그 시간차로 인해서 많은 손해를 볼 수 있기 때문이다.

이러한 예는 또 있다. 과거 세종대왕이 혼천의를 만들어 조선에 맞는 달력을 만들려 할 때 명나라 사신이 폐기할 것을 강력히 요구해서 포기한 사건이 있었다. 당시 명나라 황제가 조선의 왕에게 독자적인 시간을 가지지 못하게 했던 것은 천하를 지배하는 명나라만이 정확한 절기와 시간을 파악하여 농사를 지으면 더 많은 식량을 생산할 수 있게 되고 이 식량이 바로 국력을 의미하기 때문이다. 따라서 주변 국가들이 실측을 통해 각 나라의 실정에 맞는 정확한 달력을 가지지 못하게 하였다. 명나라보다 농업생산력이 높지 못하게 함으로써 경제적 주도권을 가지고 주변 국가들을 통치하려 했던 것이다.

현대를 사는 우리들의 삶은 과거부터 지금까지 형식만 변했지 근본은 변하지 않고 여전히 유지되고 있다. 과거에는 종교를 통해 세상을 지배했다면 오늘날은 금융을 통해 세상을 지배하고 있다. 그리고 앞으로는 데이터를 통해 세상을 지배하게 될 것이다. 이러한 형식이 바뀐다 할지라도 그 근간에는 시간이 있으며 그 시간의 기반에 천문이 있다는 것을 알게 되면 왜 그렇게 예로부터 하늘의 절기에 맞춰 각종 행사를 했는지 이해하게 될 것이다.

참고로 우리가 오늘날 사용하는 시간의 개념은 천문에서 비롯된 것이다. 태양은 황도 12궁을 1달에 약 1개씩 통과하여 1년이 되면 12개를 통과하게 된다. 물론 세차운동에 의해 1달에 2개를 통과하는 경우도 있지만 일반적으로는 1달에 1개의 별자리를 지난다. 태양이 1달에 1개의 별을 지나는 동안 달은 12~13개의 별자리를 지나간다. 그리고 지구에서 별을 바라봤을 때, 우리는 1일 동안 황도 12궁의 별자리를 모두 볼 수 있다. 물론 낮에는 태양 때문에 보이지 않지만, 지구의 자전에 의해서 12개의 별자리가 하루 동안 모두 하늘에 떴다가 진다. 이를 표로 표현하면 〈표 25〉와 같다.

표 25 각 별이 1년 동안 통과하는 황도 12궁의 수

연도	각 별이 통과하는 황도 12궁 수			비율 (÷12)	시간
	1일	1달(30일)	1년		
태양		1개	12개	1	1년
달		12개	144개	12	12개월
지구	12개	360개	4,320개	360	365일

이것뿐만 아니라 하루의 시간 단위도 천문의 개념을 그대로 가져와서 사용하고 있다. 1분은 60초이고 1시간은 60분, 하루는 24시간으로 정해서 쓰고 있는데 이렇게 정하게 된 것도 태양과 깊은 관련이 있다. 하루를 초 단위 표현하면 86400초이다(계산식은 60초×60분×24시간=86400초). 근데 이 86400이라는 숫자는 태양의 지름인 864000마일의 10분의 1의 숫자이다.

우연의 일치일까? 우리가 알고 있는 일반적인 이론에 의하면 마일은 로마제국 시대에 만들어진 거리 단위로 로마군이 천 걸음을 행군한 길이에서 유래했다고 한다. 그러나 마일이라는 단위가 가진 신기한 점을 보면 그것보다 더 오래 전에 발달되었던 문명에서 전래되었을 가능성이 있다. 왜냐하면 지구의 세차운동에 의해서 태양은 72년에 1도씩 황도 12궁의 별자리에서 밀려 다른 별자리로 이동을 하게 되는데 처음에 있던 자리까지 오는데 약 25920년의 시간이 걸린다(계산식은 72년×360도=25920년). 따라서 태양이 각 별자리에 머무는 기간은 평균 2160년이 된다(25920년÷황도12궁=2160년). 그런데 2160이라는 숫자는 달의 지름인 2160마일과 같은 숫자이다. 또한 2160이라는 숫자는 6×6×6×10=2160으로 우주의 중심인 하나님이 있다는 북극성의 위치 즉 북위 66.6도의 숫자와도 거의 일치하는 것을 볼 수 있다. 그래서 세계의 금융과 정계를 장악하고 움직이는 사람들이 '666'이라는 숫자를 즐겨 사용하는 것이 아닌가 추측된다. 즉 '666'은 사탄의 숫자가 아니라 고대로부터 신으로 믿어졌던 북극성, 태양, 달의 신을 숫자화한 상징인 것이다. 그러나 대중으로부터 이러한 고대 지식을 독점하고자 일반인에게는 부정적인 의미를 부여해서 사람들이 스스로 거부하게 만들어 놓은 것이 오늘날 인터넷상에 퍼져 있는 음모론의 실체가 아닌가 한다. 왜냐하면 이러한 정보가 그들의 치부를 드러내는 치명적인 약점이라면 벌써 인터넷상에서 사라졌을 것이기 때문이다. 특히 요즘 시대에는 가짜뉴스를 척결한다 하여 조금만 그들의 기준에 어긋나는 것 같으면 바로 정보를 삭제하고 경고를 준다. 그러나 그렇게 하지 않고 방치하고 있는 것은 우리가 알고 있는 음모론의 정보들이 바로 역정보라는 것을 암시한다고 볼 수 있다.

이렇듯 시간을 측정하는 단위와 공간을 측정하는 단위를 이용해서 천문을 측량할 때 일정한 패턴의 숫자가 나오는 것으로 보아, 각도와 마일은 로마군의 행군 길이를 기반으로 만들어졌다고 볼 수 없다. 따라서 프리메이슨이 즐겨 사용하는 직각자와 컴퍼스는 자신들이 시간과 공간을 지배하는 자라는 것을 표현한 상징물인 것으로 보인다. 그리고 이들은 주기적으로 지구에 찾아오는 자연재난에 의해 인류의 문명이 멸망할 때마다 인류 문명을 다시 일으켜 세웠던 조직의 후예일 가능성이 있다. 이번 문명은 바로 이전의 고대문명이 대홍수로 파괴될 때, 고대의 지식을 가지고 파미르로 탈출한 자들에 의해 다시 재탄생했을 가능성이 매우 크다. 그렇기 때문에 동양과 서양의 전설에서 자신들의 발원지를 파미르라고 지목하는 것이 아닌가 생각된다.

9

직각자와 컴퍼스를 들고 동방으로 온
문명 전파자들과 그레이트 리셋

남과 북을 가르는 38선 근처에는 강화도라는 섬이 있다. 그 섬의 마니산에는 참성단(塹星壇)이 있는데 전설에 의하면 고조선 시대 때 하늘에 제사를 지내기 위해 만들어진 제단이라고 한다. 참성단이라는 이름에서도 알 수 있듯이, 이 제단은 하늘의 별을 관측해서 제사를 지냈던 곳이다. 고조선의 건국 연도는 대략 BC 2333년경으로 추정하고 있는데 당시 고조선의 위치는 현재의 한반도가 아니라 중국 동부지역과 만주 일대였다.

단군신화에 의하면 환웅은 호랑이를 택하지 않고 곰을 선택하여 결혼해서 단군을 낳았다고 한다. 오늘날은 이 이야기를 신화로 취급하여 고조선이라는 나라가 존재하지 않았다고 주장하는 학자들도 있는데, 이미 중국문헌에 고조선에 대한 언급은 많이 나온다. 따라서 고조선이라는 나라는 역사적으로 존재했다. 다만 단군신화를 어떻게 해석해야 하느냐의 문제가 남는다.

신화에 의하면 곰과 호랑이가 환웅을 찾아와 사람이 되고 싶다고 할 때, 환웅이 "동굴에서 햇빛을 보지 않고 100일 동안 쑥과 마늘만 먹고 기도를 하면 사람이 될 수 있다."라고 말하는 부분이 나온다. 이것은 바로 샤머니즘에서 행했던 성인식이라는 것을 알 수 있다. 고대 아메리칸 인디언들이나 시베리아의 부족들도 마을의 선남선녀가 성인이 되면 성인식을 치렀다. 그때 샤먼들은 젊은 남녀에게 독버섯이나 담배와 같은 환각물질을 줘서 환각상태에 빠지게 하여 그들의 영혼을 하늘로 올려 보내 조상님을 뵙고 오게 하는 의식을 했다.

환웅이 주었다는 쑥은 아마도 향을 피울 때 썼을 것이고, 마늘은 술을 담그기 위해 줬을 것이다. 지금도 한국에는 마늘주가 있는데 그 숙성기간이 4개월로 120일이다. 환웅이 동굴에서 100일 동안 있으라고 했던 이유는 바로 의식용 술을 만드는 기간과 상관관계가 있었을 것이다. 이렇게 의식에 사용할 술과 쑥향이 완성되면 남녀들은 이것을 마시고 짝을 찾아 잠자리를 가지기도 했다. 고대 샤먼의식에서 남녀가 잠자리를 가지는 것은 결코 불경한 짓이 아니고 성스러운 종교의식 중 하나였다. 그랬기 때문에 웅녀가 환웅의 아이인 단군을 임신하게 된 것이 아닌가 생각된다.

그런데 왜 신화에서는 곰과 호랑이로 얘기를 했을까? 이것은 아마도 동물이 아니라 부족 명칭이었을 가능성이 있다. 고대로부터 왕의 아이를 낳을 여인은 샤먼에 의해 선택되었다. 그렇게 선택이 되면 제천의식을 치른 다음 독버섯을 먹고 환각상태에서 남녀가 잠자리를 했다. 이 풍습은 조선시대 때까지 이어져서 결혼을 하고 첫날밤을 치를 때 독버섯 대신 술을 먹는 문화로 계승되었다.

이때 환웅이 선택한 여자가 호랑이족이 아니라 곰족이었던 이유는 북극성의 이동과 깊은 관련이 있는 것 같다. 고조선이 건국되던 시점은 북극성이 용자리에서 서서히 곰자리로 이동을 하던 시기였다. 따라서 북극성의 기운을 받아 태어나 천하를 다스릴 인물은 북극성을 대표하는 5부족 혹은 6부족 중에서 곰족 여인의 자궁을 빌려 태어나야 통치의 정통성을 가졌기 때문이었을 것이다.

단군신화는 천문학적 관점에서 샤머니즘의 풍습과 비교해서 바라보면 충분히 현대적으로 해석이 가능하다. 따라서 고조선을 건국했던 무리들은 1만 2천 년 전에는 직녀성이 북극성이었기 때문에 티베트에 있다가 별자리가 용자리로 이동함에 따라 나라를 중원에서 중국 동부로 이전하고, 곰자리 시대가 되자 한반도 지역으로 이동하여 온 것이 아닌가 추측된다. 아마도 이 시기에 강화도에 참성단이 만들어졌을 가능성이 있다. 즉 마니산의 참성단은 작은곰자리 북극성신을 모시기 위해 만들어진 제단일 가능성이 크다.

현재 중국은 탐원공정이라는 역사공정을 하면서 타 민족의 역사를 한족의 역사로 왜곡하여 동아시아의 모든 고대사를 중국화하려고 하고 있다. 이들이 이렇게 고대사를 왜곡하는 이유는 고대 중원에 나라를 세우고 다스렸던 민족은 한족이 아니었기 때문이다. 최대로 잡아서 중국 역사 기간 동안 한족이 왕조를 세운 경우는 한나라, 송나라, 명나라라고 하지만 이 세 나라조차도 순수 한족은 아니고 북방 기마민족과 동맹으로 맺어진 나라였다. 따라서 중국 고대사에서 한족 중심의 역사는 존재하지 않는다.

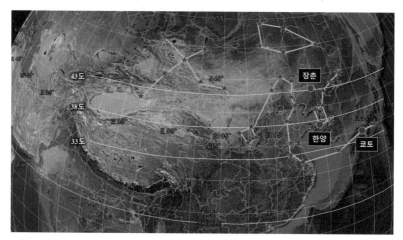

그림 86 북극성 별자리 위치와 동북아시아

　파미르 고원에서 동쪽으로 이동하여 중원에 들어온 태호복희씨와 여와는 각각 직각자와 컴퍼스를 가지고 들어와 나라를 세웠으며 그들이 가지고 있던 금척은 신라에 계승되어 초기 신라가 양자강 유역에 건설되었던 것으로 추정된다. 그 후 이들은 다시 한반도로 이동하여 이성계가 조선을 건국할 때 금척을 내려주어 통치권을 인정해 주었다. 한민족의 조상 민족이 태호복희의 영도 하에 금척을 가지고 북극성을 따라 동진할 때, 오늘날 유대인이라 불리는 유대인들은 여화 즉 야훼를 따라 컴퍼스를 들고 서쪽으로 이동한 것으로 보인다. 두 민족의 동진과 서진은 하늘의 달과 태양이 서로 만나 일식을 이루듯이 지상에서 서로 만나게 되는데 이번 시대에는 그 장소가 한반도인 것 같다. 왜냐하면 오늘날 인구의 대부분을 차지하는 유대인의 기원을 따라 올라가다 보면 한민족과 조상이 겹치는 것을 발견할 수 있기 때문이다. 기자조선의 멸망 이후, 동서남북으로 흩어졌던 고조선의 유민들은 이제 오랜 방황을 끝내고 한반도 지역을 중심으로 작은곰자리의 폴라리스-물병자리 시대에 새천년의 역사를 다시 쓰고자 하는 움직임이 있는 것 같다.

러시아가 2014년 크림반도를 점령한 이후 2022년 우크라이나를 침략하면서 오랜 기간 유지되었던 평화의 시기는 끝나게 되었고, 다시 전쟁의 기운이 유라시아 대륙에 돌고 있다. 미국은 러시아와 중국, 북한, 이란을 악의 축 국가로 규정하고 이들을 제압하기 위해 주변 국가들을 동맹국으로 만들면서 세력을 확장하고 있다. 이로 인해 어쩌면 한반도에서도 전쟁이 날 가능성이 높아지고 있다.

세계 질서를 주도하는 세력은 고대에 문명을 전파해 주었던 자들의 후손들로 그들의 혈통은 끊어지지 않고 현재까지 이어지고 있는 것 같다. 그 자손들은 여전히 유럽에서 왕족과 귀족 그리고 거대 금융자본가로서 살고 있다. 아시아 지역에도 그들이 존재했다는 점은 여러 역사자료를 통해 추정할 수 있는데 한국에도 그들이 있는지 잘 모르겠다. 하지만 아시아에서는 유일하게 일본 천황가로 그 맥이 이어져 내려오는 것으로 보인다. 일본 천황가는 고대 한국의 고구려, 백제, 신라, 가야의 왕족들과 결혼을 하면서 그 혈통을 이어왔기 때문이다. 그래서 지금도 일본 천황은 고구려, 백제, 신라, 가야왕들에 대한 제사를 하고 있다. 한국에서는 어떻게 제사를 지내야 하는지도 모르는 상황이지만, 일본 천황가에는 각 왕조에 제사를 할 때 연주하는 제례음악까지도 남아 있다.

이러한 부분 때문에 어쩌면 일본의 천황가 사람 중 한 명은 한반도에 다시 들어올 가능성이 있다. 왜냐하면 영국 왕실도 일본 천황가를 인정하고 있기 때문이다. 그렇기 때문에 2차 세계대전에서 일본제국이 패한 뒤 미국이 천황가를 해체하고 쇼와천황을 죽이려 했을 때도 영국 왕실에서 사형을 시키지 못하게 했을 뿐만 아니라 천황가가 존속할 수 있게 했다.

현재 한국의 많은 민족주의 종교 지도자나 예언가들은 21세기 한국이 세계를 주도할 것이라고 말을 하는데 냉정하게 국제 정세를 분석하면서 한국의 미래를 보면 그다지 밝지 않음을 알 수 있다. 한반도가 가진 지정학적 중요성은 점점 올라가는데 한민족의 의식은 전혀 향상되고 있지 않기 때문이다. 이렇게 되면 한민족은 세계적 흐름에 휩쓸려 아메리칸 인디언처럼 이 땅에서 사라질 수도 있다. 그러나 이러한 위기 의식은 전혀 찾아볼 수 없으니 안타까울 뿐이다.

미국이 러시아와 중국을 제압하게 되면 세계정부가 수립될 것이다. 미국 또한 이 싸움에서 승자가 되지 못할 것이다. 식민지 쟁탈전이 한창이던 시절 영국과 프랑스는 패권경쟁을 했지만 결국 둘 다 패했다. 마찬가지로 미국과 중국, 러시아의 패권경쟁은 미국의 승리로 끝난다 하더라도 과거 대영제국처럼 파산하여 그 힘을 잃게 될 것이다. 그래야만 UN이 세계정부로서의 역할을 할 수 있기 때문이다.

지금까지 UN은 인도적인 지원 분야에서만 작동했지 세계정부로의 기능을 발휘하지는 못했다. 그 이유는 영국, 프랑스, 미국, 러시아, 중국 다섯 개의 상임 이사국들이 강력한 군사력을 기반으로 서로 싸우면서 거부권을 행사했기 때문이다. 그래서 만장일치를 해야 할 수 있는 많은 정책을 실현할 수 없었다. 이번 우크라이나 전쟁에서도 러시아와 중국이 반대를 하는 바람에 우크라이나에 대한 지원의 많은 부분이 부결되었다. UN은 이들을 압박하여 안건을 통과시킬 수 있는 강제력을 가지고 있지 않다.

인도-태평양 전선에서 미국이 러시아, 중국과 대립하면서 세 나라는 경제전쟁과 앞으로 발생할 수 있는 물리적 전쟁으로 인하여 파산하게 될 것이고, 그 힘을 잃게 되면 상임 이사국들이 더 이상 UN의 결정을 마음대로 반대하거나 철회할 수 없게 될 것이다. 최근 북한의 계속된 미사일 발사시험으로 인해 한반도에서 전쟁의 위기가 높아지고 있는 가운데 미국은 한반도 방어를 주한미군이 아닌 UN사(유엔군사령부)로 전환하려 하면서 UN사의 역할을 강화하고 있다. 이렇게 되면 현재 일본에서 진행하는 평화헌법개정과 긴급사태조항으로 인해 일본군이 한반도에 진주할 수 있게 된다. 일본군은 UN군으로 한반도의 군사분쟁을 해결하러 오는 것이기 때문이다.

실제로 이런 일이 발생하면 한국인 중 몇 명이나 이러한 현실을 받아들일 수 있을지 실로 의문이다. 만약에 한국에서 이 문제를 놓고 반일감정을 부추기면서 일본군 철수 시위라도 하게 된다면, 동북아시아에서 가장 먼저 전쟁이 발생하는 지역은 대만이 아니라 한반도가 될 것이다. 왜냐하면 이 갈등은 제2의 청일전쟁으로 발전할 것이기 때문이다.

현재 미국은 중국의 국력이 자국을 능가하는 것을 막기 위해 미국이 중국보다 더 강할 때 중국을 제압하려 하고 있다. 그렇기 때문에 최근 미국은 남중국해에서 '항해의 자유' 작전을 수행하고 대만을 독립국가로서 지지해 주고 중국의 인권문제를 거론하며 대립하고 있다. 중국의 위정자들도 바보가 아니기 때문에 이러한 미국의 도발에도 중국은 지는 전쟁을 피하며 힘을 키우고 있다.

만약 일본군이 UN 평화유지군으로서 미군과 함께 혹은 미군 대신 한반도에 주둔하면서 북한의 남침을 막는 작전을 한다면, 남한은 반일세력을 선동하는 자들에 의해서 대규모 시위가 일어날 것이다. 그리고 북한이 이러한 선동에 호응을 하여 미사일 발사실험이나 핵실험을 하게 되면 대한민국은 그야말로 아수라장이 될 가능성이 있다. 이렇게 되면 결국 한반도에서 한국-일본 대 북한-중국이 다시 한 번 붙을 가능성이 있다. 미국은 그렇게 원하던 중국과의 무력 충돌도 가능하게 될 수 있다.

한국이나 북한이 전쟁을 하게 되어 서로 박살나게 된다면 한반도는 UN의 관할로 들어가게 될 것이고 실질적으로 미국과 일본에 의해 간접통치를 받는 국가가 될 수도 있다. 그렇게 되면서 이 세계는 특정 강대국이 지배하는 일극체제가 아닌 UN에 의해 통치되는 다극체제로 전환될 것이다. 러시아와 중국의 갈등 이후, 앞으로의 국제 질서는 미국이 아닌 UN이 주도할 가능성이 있다. 이러한 국제 정세의 흐름 속에서 우리는 우리의 국익에 유리한 것이 어떤 것인가를 연구하고 미래를 고민할 필요가 있다.

그러나 너무 많은 에너지가 좌우로 갈라져서 대립하는 데 쓰이고 있어 실질적으로 이러한 국난이 왔을 때 극복하지 못하고 다시 구한말 때처럼 식민지 국가로 전략할 가능성이 더 큰 것이 현재 대한민국의 현실이라 할 수 있다. 민족종교 지도자들이 말하는 것처럼 현재의 대한민국은 꽃길이 아닌 피바다를 걷고 있다. 한반도의 번영은 이러한 갈등이 끝난 다음에야 올 텐데, 과연 그때 살아남은 한민족 중 몇 명이나 바뀐 세상으로부터 혜택을 받을 수 있을지 현재는 미지수이다.

10

전 지구적 통합의 흐름 속 대한민국

225쪽의 〈그림 72〉를 보면 AD 2000년 무렵부터 북극성은 완전히 작은곰자리의 폴라리스를 중심으로 자전을 하고 플레이아데스의 길잡이 역할을 해주는 오리온 별자리의 위치도 위상이 변하는 시기에 접어든다. 앞선 사례를 보면 한민족은 북극성과 오리온 별자리의 이동에 맞춰 새로운 국가를 건설했던 전통이 있었다. 한반도 어딘가에 고대 파미르 고원으로부터 문명을 가지고 들어온 자들의 후손들이 남아서 여전히 그 전통을 유지하고 있다면 한반도에서는 새로운 시대를 맞이하기 위해 또 다시 격변의 시대를 겪을 것으로 예상한다. 그리고 그 격변은 우리가 막연하게 생각하는 이상적인 사회의 도래가 아닌 파멸적 재앙일 수도 있다.

실제로 현재 국제 정세나 4차 산업으로의 구조 변화를 보면 한국이 변화를 꾀하지 않고 현 상황을 유지하려 하다가는 국제 경쟁에서 밀려 구한말 일본의 식민지가 되었던 것처럼 외세에 의해 자주권을 상실할 수도 있다. 따라서 우리는 새천년에 새로운 역사인식과 정체성을 확립해야만 한다.

과거 동북아시아에서 맹위를 떨쳤던 수많은 북방민족이 물질적인 풍요와 강대한 군대에 의지하여 나라를 다스릴 뿐 강력한 소프트파워 즉 찬란한 역사와 문화를 가지고 있지는 못해 타 민족에 동화되어 버리거나 나라가 멸망한 이후 사분오열 되어 사라져 버렸다. 한국이 수많은 외침에도 불구하고 현재까지 독립 국가를 유지하고 우리의 문화를 전 세계에 수출할 수 있는 이유는 비록 나라는 작지만 세계인을 감동시킬 만큼 매력적인 문화를 가지고 있기 때문이다. 많은 사람은 지금의 한국이 살기에 매우 어렵고 힘든 시기라고 말한다. 하지만 세월이 흐르고 나면 아마 역사가들은 2000년대의 대한민국을 최고의 전성기로 평가하게 될 것이다. 2022년부터 대한민국은 선진국에 진입하게 되었으며 한국의 음식과 문화는 이제 세계에서 인정받고 대중화 되어가고 있다.

문명의 흥망성쇠는 끊임없이 반복되고 있다. 현재 세계를 지배하는 미국도 고대 로마제국처럼 쇠퇴하여 역사 속으로 사라질 수 있다. 따라서 세계 질서를 관리하는 자들의 입장에서는 세계의 중심지를 주기적으로 바꿔서 인류 문명 발전의 활력을 유지할 필요가 있다. 이러한 원리는 고대시대의 세계정부라 할 수 있는 12환국 때도 있었던 전통으로 수천 년 간 유지되었다.

그렇다면 어느 곳이 새 천년의 중심지로 선정되는 것이 유리할까? 그곳은 물어볼 것도 없이 '한반도'이다. 유럽의 엘리트들이 종교권력자들의 핍박에서 벗어나 북아메리카 동부지역에 신생국 미국을 건국한 이래 세계의 중심지는 동유럽에서 서유럽으로 그리고 다시 미국 동부

지역으로 이동했다. 현재는 미국 서부지역이 차세대 최첨단 산업의 중심지가 되어 세계 경제를 견인하고 있다. 다가올 미래는 발전된 과학기술 덕택에 더욱더 긴밀히 연결될 것이다. 이렇게 되면 지리적인 측면에서 거대한 섬의 형태를 띤 북미-남미보다는 유라시아 대륙이 훨씬 더 유리한 조건을 가지게 된다. 왜냐하면 유라시아 대륙은 아시아, 유럽, 아프리카와 연결되었을 뿐만 아니라 동남아시아의 열도를 통해 호주까지 연결되어 지리적으로 매우 유리하기 때문이다. 그렇다면 미국 서부지역에서 유라시아로 중심지가 이동을 하게 될 때 새로운 거점이 될 지역은 미국 서부와 유라시아 동부가 만나는 지점이 될 수밖에 없다. 이러한 지리적 이점 덕분에 대한민국은 해방 이래 남북으로 갈라지고 한국전쟁을 겪었음에도 불구하고 선진국이 될 수 있었다. 즉 자원이 풍부하지 않은 대신 지리적 요충지라는 장점이 외국 자본에 큰 매력으로 다가갈 수 있었고 덕분에 지속적인 투자를 받아 오늘날의 선진국이 될 수 있었다. 물론 한국인의 근면함과 높은 교육열도 큰 몫을 했다. 그러나 외부로부터 지원이 없었다면 이러한 성공을 이룰 수 없었을 것이다. 그러나 그동안은 어디까지나 투자였을 뿐 아직 한반도에서는 본격적인 시작도 하지 않았다. 앞으로 서방에서 오는 해외 자본은 한국에게 호의적인 투자만 하지는 않을 것이며 그동안 자신들이 투자한 것에 대한 대가를 받으려 할 것이다.

이미 대한민국 주요 대기업들의 주식은 상당 부분 외국 자본이 소유하고 있고 글로벌 공급망 재편을 위해 미국이 중국의 굴기를 억제하고자 새로운 경제 질서를 만들면서 전 세계는 혼란에 빠져 있다. 그러나 이러한 혼란에도 불구하고 한반도는 더욱 발전하게 될 것이다. 왜냐하면 지정학적 위치상 한반도가 가장 중요하기 때문이다. 다만 여기서 한 가지 우려되는 점은 한반도가 좋아지는 것과 한민족이 좋아지는 것은 별개의 문제라는 것이다. 현재 한국의 많은 예언서나 단체에서 한민족이 21세기에 세계의 중심민족이 된다는 말을 많이 하는데 그것은 보장할 수 없다. 현재 한국은 성장 동력을 점진적으로 잃어가며 쇠퇴하고 있기 때문이다.

코로나19를 겪으며 출산율은 더 떨어져서 2022년에는 0.77이 되었다. 이미 우리나라는 OECD 국가들 중에 출산율이 가장 낮은 나라가 되었다. 이 추세가 지속된다면 한국의 인구는 2028년 5,194만 명으로 정점을 찍고 2029년부터는 감소할 것으로 보인다. 다른 많은 선진국도 인구감소로 인해 국가 경쟁력이 감소하고 있는데 한국만 예외로 성

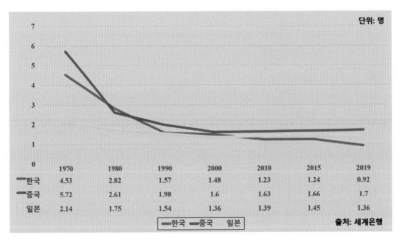

	1970	1980	1990	2000	2010	2015	2019
한국	4.53	2.82	1.57	1.48	1.23	1.24	0.92
중국	5.72	2.61	1.98	1.6	1.63	1.66	1.7
일본	2.14	1.75	1.54	1.36	1.39	1.45	1.36

단위: 명
출처: 세계은행

그림 87 한국, 중국, 일본의 출산율

장하여 세계를 주도하는 국가가 된다는 것은 불가능하다.

그렇다면 우리는 어떻게 해야 이 위기를 극복하고 우리가 희망하는 것처럼 세계적인 국가로 성장할 수 있을지 고민해야 한다. 이를 해결하기 위해서 우리는 미국의 사례를 연구해 볼 필요가 있다. 미국은 영국의 식민지로 시작한 작은 나라였으며 인구도 당시 조선보다도 적었다. 그러나 오늘날 미국의 인구는 3억 5천만으로 대한민국 인구의 7배가 되었다. 미국이 이렇게 단기간에 성장한 이유는 영토의 확장도 있었지만 그보다도 이민의 역할이 컸다. 비슷한 시기에 이민을 받았던 캐나다와 호주, 브라질과 비교해도 미국의 성장은 가히 비교 불가하다.

미국은 현재 유일무이한 초강대국이 되었을 뿐만 아니라 폭발적인 인구 성장에도 불구하고 영국 식민지 시대 때부터 사용했던 영어를 공용어로 유지하면서 세계에 영어를 전파하고 있다. 미국의 인구 성장에는 자연 증가보다 이민에 의한 증가가 큰 기여를 했다. 그럼에도 불구하고 여러 이민자들에 의해 언어와 문화가 갈라져 서로 다른 춘추전국시대의 모습으로 나뉜 게 아니라 미 연방국가라는 하나의 정치체제 내에서 하나의 경제, 하나의 언어로 통합되어 유지되었다. 당시 미국은 국력이 강하지도 않았고 유럽처럼 유구한 역사나 문화도 없었다. 하지만 오늘날의 미국은 특유의 역사와 문화를 만들었으며 이제는 전 세계에 문화를 퍼뜨리는 문화강국이 되었다. 우리나라도 21세기에 세계적으로 주목할 만한 국가가 되려면 바로 미국의 사례를 본받아서 한국의 실정에 맞게 적용해야 한다고 본다. 그렇다면 어떻게 해야 할까?

첫째, 인구감소를 막을 수 있는 정책을 실시해야 한다. 현재 한국의 정치계는 남녀 간의 갈등을 유도해서 당선되려는 정치인들과 이에 협력하여 금전적 이득을 취하려는 세력들이 있다. 이들이 추진하는 페미니즘-반페미니즘 운동에 대중은 철저히 무관심해야 하고 동참도 하지 말아야 한다. 이 운동들은 여성의 인권 신장이나 남성들의 역차별문제와 전혀 상관이 없으며 오로지 자신들의 이득을 위한 정치적 투쟁이기 때문이다. 정치인들은 갈등을 통해 지지 세력을 결속하고 정치권력을 잡는데 도움을 얻을 수 있겠지만, 그로 인해 대한민국이라는 거대한 배는 둘로 쪼개져 침몰할 수 있기 때문에 이러한 사회운동은 바람직하지 않다. 앞으로는 남녀 간의 차이를 인정하면서 어떻게 함께 살기 좋은 사회를 만들 수 있는지 같이 고민하는 사회운동이 활발해져야 한다.

둘째, 출산에서의 가장 큰 문제는 남녀가 맞벌이를 하는 데 있어 육아가 어렵다는 부분이다. 불황과 인플레이션으로 인해 남자 혼자 벌어서는 생계가 어려운 만큼 남자와 여자는 결혼 후에도 일을 해야만 한다. 그러나 이렇게 될 경우, 아이를 돌보는 게 어려워져 자연스레 출산율의 감소로 이어진다. 이를 방지하기 위해서는 아이를 돌봐줄 수 있는 보육원과 관련 인원을 확보해야만 한다. 현재 인구 감소와 불황으로 서울 같은 대도시에도 빈 사무실이 많이 생기고 있다. 정부는 이러한 시설들을 활용하여 도시 곳곳에 보육원을 만들고 그 건물주에게 임대료만큼의 면세 혜택을 주어 재정지출을 하지 않으면서 공간을 확보해야 한다. 그렇게 되면 도시 직장인들이 출근시간에 아이를 직장 가까운 곳에 맡기게 되어 퇴근시간에 찾아가기 편리하므로 출산 때문에 직장을 포기하는 사례를 줄일 수 있게 된다. 여기에 필요한 인력은 20세의 젊은 여성들을 남성들이 군대에 있는 기간만큼 보육원에서 일을 하게 하여 저임금으로도 많은 인원을 확보할 수 있는 정책을 실시하면, 군대 문제로 남녀 간의 갈등이 생길 이유도 없을 뿐만 아니라 아이를 사전에 돌봄으로써 출산과 육아에 대한 공포도 없앨 수 있다. 더구나 여성 자신들도 이러한 제도의 혜택을 입어 자신들이 직장 생활을 하게 될 때 아이를 돌봐 줄 장소가 생기기 때문에 지금과 같은 급격한 출산율 감소는 막을 수 있다고 본다.

셋째, 외국인 이민자에 대한 적극적인 수용이다. 단, 여기에는 전제조건이 있다. 대한민국에 이민 온 외국인은 시민권을 받는 순간 자신의 출생국가와는 상관없이 대한민국의 국민으로 살아가야 한다는 점이다. 매우 당연한 것 같지만 현재 대한민국의 상황을 보면 이렇게 간단한 규칙조차 제대로 지켜지지 않기 때문에 이 부분에 대해서는 명확한 법률 규정이 있어야 한다고 본다. 한국이 미국과 같은 강대국이 되기 위해서는 과거 미국이 했던 이민정책과 유사한 정책을 해야 한다. 그러나 그 과정에서 이민자들이 대한민국의 국민으로서 의무를 다하지 않는다면 사회 혼란만 야기할 뿐 이민의 장점을 활용할 수 없게 된다. 따라서 대한민국의 국적을 취득하는 외국인에게는 다음과 같은 규칙이 최소한 적용되어야 한다고 본다.

- 한국어능력시험 6급을 취득할 것
- 대한민국 정부에서 주관하는 역사시험에 합격할 것
- 납세, 국방, 교육의 의무를 충실히 할 것

- 대한민국의 국익을 훼손하는 행위를 할 경우 국적이 취소된다는 것에 동의할 것(국익을 훼손하는 행위란 역사왜곡, 사회분열조장, 대한민국을 폄하하면서 자신의 전 국적의 나라 옹호행위)

넷째, 한민족의 고대사를 부활해야 한다. 앞으로 한반도는 아메리카 대륙과 유라시아 대륙을 연결하는 교통의 요지로 발달하게 될 것이다. 이에 따라 한국은 더 이상 단일민족국가가 아닌 다민족국가로 탈바꿈하게 될 것이다. 이러한 상황에서 현재의 민족주의적 사관을 기반으로 한 역사교육을 외국인 자녀 혹은 혼혈아에게 하게 된다면 그들은 한국 사회에 적응하지 못하고 이방인이 될 수밖에 없다. 따라서 이들을 하나의 울타리에 넣어 공생하기 위해 민족주의적 역사관을 버리고 보다 포용적인 역사관을 가져야 할 것이다.

먼저 고대 12환국 시절의 역사를 복원하면서 유라시아 대륙에서 함께 연방 국가를 건설했던 수많은 북방민족과 코카서스계 민족을 아우르는 역사관을 정립해야 할 것이다. 필자가 쓴『단군의 나라, 카자흐스탄』과 이번 책『샤먼 바이블』은 새로운 역사관을 성립하고자 고민 끝에 만들어진 일종의 대안사관으로서 민족사관의 관점을 버리고 범유라시아적인 역사적 관점에서 새롭게 서술했다. 이렇게 한 이유는 과거의 실패 사례를 보았기 때문이다. 일본은 메이지 유신 이후 근대화에 성공하여 자신감을 얻었고 서양 제국주의 국가들의 침략을 같은 아시아 국가를 보호한다는 명목을 내세워 식민지를 확장하면서 황국사관을 이용했다. 이로 인해 일본은 패전 후까지 주변 국가들과 역사 문제로 갈등이 끊이지 않고 있다.

개혁·개방 이후 성공적으로 경제성장을 이룬 중국도 과거 일본제국과 비슷한 태도를 보여 전 세계의 공적이 되고 있다. 중국은 주변 민족의 역사를 모두 자국 역사에 편입시키면서 주변국의 영토와 영해를 침범하고 있다. 따라서 21세기의 대한민국이 유라시아 대륙과 아메리카 대륙을 연결하는 허브국가로 성장하기 위해서는 과거 일본제국이나 현재 중국 공산당이 저지르는 역사패권 행위를 반복하지 말고 주변 민족과 상호 조화가 가능한 역사를 수립하여 주변국들로부터 지지를 받는 동북아시아의 역사적·문화적 중심국가로 성장하는 정책을 펼쳐야 할 것이다.

다섯째, 상기의 역사관을 기반으로 외국인 이민자를 받아들인다면 미래의 한국이 다민족국가가 되더라도 상대적으로 갈등이 덜 일어나는 나라가 될 것이다. 왜냐하면 그들은 더 이상 우리와 다른 이방인이 아니라 같은 뿌리에서 갈라져 나간 형제 민족이기 때문이다. 따라서 외모가 서로 다르고 언어와 문화가 다르다 하더라도 서로 이해할 수 있는 분위기를 만들 수 있을 것이다. 미국이 비록 성공적인 다민족국가가 되기는 했지만, 흑인 문제와 아메리칸 인디언 문제라는 오점을 가지고 있다. 한국에서 다시 한 번 거대한 실험을 하게 된다면 미국보다는 개선된 방식으로 새로운 세계 정부를 구성하여 보다 진보한 세계 사회를 건설하기를 바라며 이 책의 집필을 마치도록 하겠다.

샤먼 바이블

인류 문명과 종교의 기원을 찾아서

© 김정민, 2023

1판 1쇄 발행__2023년 01월 20일
1판 4쇄 발행__2024년 06월 30일

지은이__김정민
펴낸이__홍정표
펴낸곳__글로벌콘텐츠
　　　　　등록__제25100-2008-000024호

공급처__(주)글로벌콘텐츠출판그룹
　　　　　대표_홍정표 이사_김미미 편집_임세원 강민욱 남혜인 권군오 기획·마케팅_이종훈 홍민지
　　　　　주소__서울특별시 강동구 풍성로 87-6
　　　　　전화__02) 488-3280 팩스__02) 488-3281
　　　　　홈페이지__http://www.gcbook.co.kr
　　　　　이메일__edit@gcbook.co.kr

값 22,000원
ISBN 979-11-5852-382-4 03900